# Geniale
## *Tricks*

Media Partisans GmbH
Berliner Str. 89
14467 Potsdam

ISBN: 978-3-9819299-4-2

# Geniale Tricks

Du findest uns auf:
www.genialetricks.de

„Geniale Tricks" ist eine feste Institution im Internet, Millionen Leser lieben die täglich erscheinenden Tricks, Tipps und Ideen. Da ist es nur logisch, einen Schritt weiterzugehen und das Beste aus 4 Jahren in einem Buch zusammenzufassen: die nützlichen Haushalts- und Reinigungstricks, die tollen Projekte zum Nachmachen, die simplen Lösungen für nervige Alltagsprobleme und vieles mehr. Egal, ob eine Schraube festsitzt, das Backblech verkrustet ist oder die Wohnung individuell verschönert werden soll – dieses Buch kann man täglich zur Hand nehmen und sich immer wieder aufs Neue inspirieren lassen.

Für viele Tipps, Tricks und Projekte gibt es einen QR-Code als Direktlink zum Video.

# Aus alt mach neu

Handtäschchen aus Bonbontüte ...... 8
Smiley-Halter ...... 12
Hängelampe aus Glasflasche ...... 14
T-Shirt-Kissen ...... 16
Stiftehalter aus Blechdosen ...... 18
Sicherer Smartphone-Ladehalter ...... 20

Blumenvase aus Altglas ...... 22
Batik-Shirt-Revival ...... 24
Fototisch ...... 26
Herbstliche Windlichter ...... 28
Stiftehalter aus Plastikflasche ...... 30
Dosieren und Lagern mit Flaschenhals ...... 32

# Deko für daheim

Geschmolzenes Wachsstift-Kunstwerk ...... 36
Knuddeliger Handtuch-Teddy ...... 40
Bommelteppich ...... 44
Weihnachtsstern ...... 48
3 Blumen-Dekorationen ...... 52
Mini-Wollmützen ...... 56
Dracheneier ...... 60
Loopschal ...... 64
Sitzbank und Sideboard in einem ...... 68
Lieblingsfoto auf Kerze bannen ...... 70
Häschen-Vase ...... 72
Adventskalender ...... 74

Garderobe aus Zweigen ...... 76
Kürbislaternen ...... 78
Mini-Schleifen ...... 80
Weihnachtskranz aus Christbaumkugeln ...... 82
Schwebende Halloween-Kerzen ...... 84
Schöne Vase aus Beton ...... 86
Wolken-Lampe ...... 88
Mandarinen-Kerze ...... 90
Schale aus Laub ...... 92
Natürliche Duftöl-Kerzen ...... 94

# Ein sauberes Zuhause

WC-Reiniger-Tabs .................................................. 98
Reinigungsschleim ............................................... 100
Natürlichen Rohrreiniger selbst machen ........... 102
Backofen kinderleicht reinigen ........................... 104
Spülmaschinentabs ............................................. 106
Mittel gegen Schimmel ....................................... 108
Selbstgemischter Badreiniger ........................... 110

Mikrowelle im Handumdrehen putzen .............. 112
Edelstahl reinigen ............................................... 114
Enteiserspray ....................................................... 115
Tierhaare entfernen ............................................ 116
Turbo-Schrubben ................................................ 117
Turnschuhe putzen .............................................. 118
Duschkopf reinigen ............................................. 119

# Schnelle Hilfe

Rasierlätzchen .................................................... 122
Selbstgemachte Frischhaltefolie ....................... 124
Schneller und einfacher Haardutt ..................... 126
Schuhe wasserdicht versiegeln ......................... 128
Schüttelpfannkuchen .......................................... 130
Übernachtungspäckchen .................................... 132
Selbstgemachte Etiketten .................................. 134
Blumentopf-Heizung ........................................... 136
Butter-Trick ......................................................... 138
Ketchup marsch! ................................................. 139
Knoblauch schälen .............................................. 140
Schrauben-Trick .................................................. 141
Batterietest ......................................................... 142
Grill sauber halten .............................................. 143
Schraube ohne Schlüssel lösen ......................... 144
Nie mehr Kabelsalat ........................................... 145
Zugluft erkennen ................................................ 146

Armband problemlos anlegen ............................ 147
Verletzungsfrei hämmern ................................... 148
Bewässerungssystem ......................................... 149
Fruchtfliegenfalle ............................................... 150
Selbstgemachter Zugluftstopper ...................... 151
Sektkorken-Trick ................................................. 152
Kartoffeln blitzschnell schälen .......................... 153
Fotos schützen .................................................... 154
Kleid anziehen ..................................................... 155
Marmeladen-Milchshake .................................... 156
Salatstrunk entfernen ........................................ 157
Bohrstaub-Fänger ............................................... 158
Hartes Brot aufbacken ....................................... 159
Einkaufswagen-Trick ........................................... 160
Wespen-Abwehr ................................................... 161
Schuh-Deodorant ................................................ 162
Kabel-Bändiger .................................................... 163

6

# Aus alt mach neu

## Tolle Projekte, um Altes in Neues zu verwandeln

# Handtäschchen aus Bonbontüte

Wenn die Süßigkeiten verzehrt sind, wirf die Tüte nicht weg! Du kannst sie in eine bunte Tasche mit Reißverschluss verwandeln.

# So geht's

1. Trenne die Vorder- und Rückseite der Tüte voneinander.

2. Beklebe die bedruckten Seiten vollständig mit Paketklebeband. Schneide überstehendes Klebeband ab.

3. Decke die beiden Tütenhälften mit Backpapier ab und bügle sie.

4. Auf das obere Ende eines Stoffstücks legst du den Reißverschluss mit der Vorderseite nach oben. Darauf legst du eine Tütenhälfte mit der bedruckten Seite nach unten.

5. Nähe Stoff, Reißverschluss und Tüte oberhalb der Reißverschlusszähne zusammen. Wende die Tütenhälfte um und setze die gleiche Naht auf der bedruckten Seite.

6. Lege das genähte Stoffstück auf das zweite sowie die zweite Tütenhälfte mit der bedruckten Seite nach unten auf die erste.

7. Nähe alles an der oberen Kante des Reißverschlusses zusammen. Setze die gleiche Naht erneut auf der Rückseite.

8. Lege jeweils Plastik und Stoff aufeinander. Nähe die beiden Tütenhälften an allen drei Seiten zusammen; die Stoffstücke nur an ihren Längsseiten, sodass die untere Kante offen bleibt.

9. Durch diese Öffnung krempelst du die Tasche von innen nach außen. Ziehe noch einmal das Futter aus der Tasche und nähe die Öffnung zusammen.

10. Stopfe das Futter anschließend in die Tasche zurück, die damit vollendet und bereit zum Befüllen ist.

## Dafür brauchst du

- eine leere Bonbontüte
- einen Reißverschluss in der Breite der Bonbontüte
- 2 Stück Stoff in den Maßen der Tüte
- Nadel und Faden oder Nähmaschine
- durchsichtiges Paketklebeband
- Backpapier
- ein Bügeleisen
- eine Schere

**tipp**

*Befestige einen Riemen an der Tasche, um eine Handtasche daraus zu machen.*

10

# So geht's

1. Schlitze den Tennisball etwas unterhalb der Mitte auf, um ihm einen Mund zu geben.

2. Klebe die beiden Wackelaugen etwas oberhalb des Schnittes auf.

3. Befestige den Saugnapf mithilfe des Heißklebers auf der Rückseite des Balls.

4. Bringe ihn an der Wand an.

5. Drücke deinem Smiley-Halter den Mund auf und lass ihn auf alles beißen, was er für dich festhalten soll: z.B. deine Zahnbürste, Schlüssel, Post usw.

## Dafür brauchst du

- einen Tennisball
- einen Saugnapf
- 2 Wackelaugen
- ein scharfes Messer
- eine Heißklebepistole

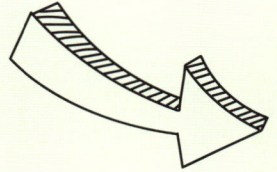

**tipp**

*Gestalte deinen Ball-Halter ganz individuell, z.B. mit lustigen Zöpfen aus Wolle.*

# Smiley-Halter

Mit nur einem Schnitt und etwas Fantasie verwandelst du einen Tennisball in einen praktischen Allzweck-Halter für die Wand.

Die Idee als Video: www.genialetricks.de/smiley-halter/

# So geht's

**1** Reinige die Flasche gründlich.

**2** Setze mit dem Glasschneider eine Sollbruchstelle um die Flasche herum.

**3** Halte die Flasche über die Schüssel und gieße abwechselnd kaltes und heißes Wasser über die Sollbruchstelle, bis die Flasche an dieser Stelle platzt.

**4** Der untere Teil der Flasche kann entsorgt werden. Schleife an der oberen Hälfte die Schnittstelle mit Sandpapier glatt.

**5** Fädle die Lampenfassung durch den Flaschenhals und schraube die Glühbirne ein. Nun kannst du die Lampe aufhängen.

## Dafür brauchst du

- eine leere Glasflasche
- eine Lampenfassung mit Kabel
- eine Glühbirne
- einen Glasschneider für Flaschen
- eine große Schüssel oder einen Topf
- kaltes Wasser
- kochendes Wasser
- Sandpapier

**tipp**

*Schleife die Kanten des unteren Teils glatt und benutze ihn als Deko-Gegenstand, z.B. als Windlicht oder Aschenbecher.*

# Hängelampe aus Glasflasche

**Nutze leere Flaschen, um dir ein einzigartiges Lichtambiente ins Wohnzimmer zu holen.**

 Die Idee als Video: www.genialetricks.de/haengelampe/

# So geht's

1. Breite das T-Shirt aus, lege das Kissen mittig darauf und schneide so viel vom T-Shirt ab, dass dieses an allen vier Seiten ca. 10 cm breiter als das Kissen ist.

2. Schneide in den Ecken des T-Shirt-Stoffs kleine Quadrate aus.

3. Lege das Kissen zur Seite und schneide in die Seiten des T-Shirts Fransen, die ungefähr 2–3 cm breit und genauso tief wie die quadratischen Aussparungen in den Ecken sind.

4. Trenne die Vorder- und die Rückseite der T-Shirts voneinander und lege eine T-Shirt-Hälfte mit der bedruckten Seite nach unten auf eine Arbeitsfläche.

5. Darauf platzierst du das Kissen und legst die zweite T-Shirt-Hälfte mit der bedruckten Seite nach oben auf das Kissen.

6. Verknote beide T-Shirt-Hälften an den Fransen miteinander. Schon ist dein Kissen fertig.

## Dafür brauchst du

- ein altes T-Shirt
- ein Sofakissen
- eine Schere

**tipp**

*Natürlich funktioniert das auch mit alten Hemden, Kleidern oder Stoffresten. Hauptsache, das Muster gefällt dir.*

16

# T-Shirt-Kissen

**Entmiste deinen Kleiderschrank, indem du aus alten T-Shirts oder Hemden Kissenbezüge machst, ohne auch nur einen Stich nähen zu müssen.**

 Die Idee als Video: www.genialetricks.de/t-shirt-kissen/

# So geht's

1. Reinige die Dosen gründlich, indem du sie z.B. in warmem Wasser badest. Sämtliche Etikettrückstände sollten sauber entfernt sein.

2. Sobald sie trocken sind, streiche sie in der Acrylfarbe deiner Wahl.

3. Nimm eine Serviette mit deinem Wunschmuster für den Stiftehalter und schneide dieses aus. Verwende anschließend nur die oberste Serviettenschicht mit dem Muster.

4. Bestreiche die Dose mit Serviettenkleber und klebe das ausgeschnittene Muster direkt glatt auf. Achtung: Einmal in Kontakt mit dem Serviettenkleber, wirst du den Sitz des Musters nicht mehr korrigieren können.

5. Trage eine weitere Schicht Serviettenkleber auf den angeklebten Serviettenstoff auf und lass den Kleber trocknen.

6. Klebe die Dosen mithilfe des Heißklebers auf das Brett auf. Fertig ist der Stiftehalter.

## Dafür brauchst du

- 3 leere Dosen
- ein dekoratives Holzbrett
- Serviettenkleber
- bunt gemusterte Servietten
- eine Heißklebepistole
- 2 kleine Pinsel
- Acrylfarbe
- eine Schere

**tipp**

*Du kannst natürlich alles hineintun, was auf dem Schreibtisch für Unordnung sorgt: Pinsel, Scheren, Lineale usw.*

# Stiftehalter aus Blechdosen

**Mit nur drei Blechdosen bändigst du das Chaos auf deinem Schreibtisch.**

 Die Idee als Video: www.genialetricks.de/dosen-recycling/

# So geht's

1. Schneide mit dem Cutter den oberen Teil der Shampooflasche ab, lass auf einer Seite aber eine Lasche stehen, die breiter als der Stecker des Ladekabels ist. Markiere die Schnittkante am besten zuvor mit einem Filzstift.

2. Schneide ein Loch in die Lasche, durch das der Stecker des Ladekabels passt.

3. Schleife die Schnittkanten mit Sandpapier glatt.

4. Um die Flasche zu verzieren, besprühe sie mit der Farbe deiner Wahl. Lass die Farbe trocknen.

5. Jetzt kannst du dein Smartphone direkt an die Steckdose hängen, sodass es beim Aufladen sicher aufgehoben ist.

## Dafür brauchst du

- einen Cutter
- einen Filzstift
- Sandpapier
- Sprühfarbe
- eine leere Shampooflasche

**tipp**

*Mit etwas Acrylfarbe, Klarlack und Fantasie kannst du deinem Smartphone-Halter ein cooles Design verpassen.*

# Sicherer Smartphone-Ladehalter

**Aus einer Shampooflasche machst du eine Halterung, die dein Handy und Ladekabel beim Aufladen verstaut und schützt.**

 **Die Idee als Video: www.genialetricks.de/smartphone-ladehalter/**

# So geht's

① Reinige das Glas (oder die Flasche) gründlich und entferne das Etikett.

② Wickle das Klebeband um die Mitte des Glases und besprühe es mit Farbe.

③ Entferne das Klebeband, nachdem die Farbe getrocknet ist. Schon ist die Blumenvase mit „Sichtfenster" fertig.

**tipp**

*Du kannst auch mit verschiedenen Farben arbeiten, um die Vase lebhafter zu gestalten.*

# Blumenvase aus Altglas

Verwandle leere Glasflaschen und Gläser in stilvolle Vasen, um dein Heim mit einzigartigen Deko-Stücken aufzuwerten.

 Die Idee als Video: www.genialetricks.de/vasen-aus-flaschen/

# So geht's

**1** Weiche das Kleidungstück, das du färben möchtest, erst einmal 10 Minuten lang in einer Lösung aus Wasser und Waschsoda ein.

**2** Schiebe das T-Shirt ein wenig zusammen und rolle es auf eine leere Küchenrolle auf.

**3** Fixiere das T-Shirt anschließend mit einem Gummiband und wickle ein langes Stück Zahnseide herum.

**4** Lege das zusammengebundene T-Shirt auf einen Rost, unter dem du Backpapier o.Ä. ausgelegt hast. Ziehe dir Handschuhe an, bevor du die Textilfarbe aufträgst.

**5** Beträufle eine Seite des T-Shirts mit einer Wunschfarbe und die andere Seite mit einer zweiten Farbe. Trage die Textilfarbe gemäß der Anleitung auf der Verpackung auf. Üblich ist eine Einwirkzeit von einer Stunde.

**6** Wasche die aufgetragene Farbe aus und lasse das T-Shirt trocknen, bevor du es anziehst. Nun kannst du den Sommer der Liebe wiederaufleben lassen.

## Dafür brauchst du

- ein weißes T-Shirt
- Zahnseide
- Textilfarben deiner Wahl
- einen Ofenrost
- Backpapier
- Wasser und Waschsoda
- eine leere Küchenrolle
- ein Gummiband

**tipp**

*Du kannst diese Technik auch bei Bettbezügen anwenden, um in farbenfroher Bettwäsche zu schlafen.*

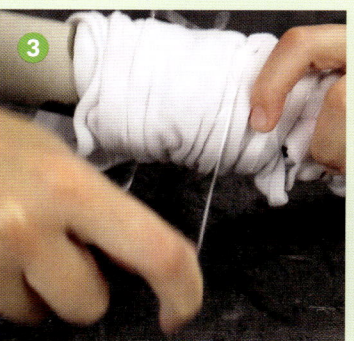

24

# Batik-Shirt-Revival

Man braucht nicht viel, um ein schlichtes weißes T-Shirt in ein farbenfrohes Kleidungsstück im Retrodesign zu verwandeln. Peace!

Die Idee als Video: www.genialetricks.de/batik-shirt/

# So geht's

**1** Arrangiere die Bilder so auf dem Tisch, dass die gesamte Tischplatte von ihnen bedeckt ist.

**2** Dann schneidest du alles ab, was über die Tischkante hinausragt.

**3** Nun klebst du Bild für Bild auf den Tisch. Dabei nimmst du zunächst eines ab, streichst die entsprechende Stelle auf dem Tisch mit Klebstoff ein, befestigst das Bild darauf und bestreichst die Oberseite mit Serviettenkleber.

**4** Wenn du alle Bilder aufgeklebt hast, lässt du den Kleber trocknen.

**5** Lege für den nächsten Arbeitsschritt ausreichend Zeitungspapier oder Folie unter dem Tisch aus, um deinen Fußboden vor Verschmutzungen zu schützen.

**6** Mische ausreichend Gießharz nach Herstellerangaben an und gieße die gesamte Flüssigkeit in die Mitte des Tisches. Mithilfe eines Spachtels verteilst du die Masse auf der gesamten Tischoberfläche bis an die Ränder. Wische heruntergelaufenes Gießharz gleich weg.

**7** Jetzt musst du ungefähr 24 Stunden warten, bis alles getrocknet ist. Belastbar und völlig ausgehärtet ist alles jedoch erst nach 7 Tagen. Dafür ist die Oberfläche dann wasser- und stoßfest.

## Dafür brauchst du

- einen Beistelltisch
- ausreichend Fotos und/oder Postkarten
- eine Schere oder ein Messer
- einen Pinsel
- Serviettenkleber
- Zeitungspapier oder Folie zum Auslegen
- Gießharz
- einen Behälter zum Mischen
- einen Spachtel

**tipp**

*Anstatt Fotos oder Postkarten kannst du natürlich auch eine schöne Landkarte oder ein Poster auf dem Tisch verewigen.*

# Fototisch

**Die allerliebsten Erinnerungsfotos müssen nicht immer an der Wand hängen. Mit diesem Fototisch hast du sie stets vor Augen.**

Die Idee als Video: www.genialetricks.de/fototisch/

# So geht's

1. Reinige das Einmachglas gründlich und entferne das Etikett.

2. Bestreiche das Glas zunächst von außen mit Serviettenkleber.

3. Klebe anschließend einzelne Blätter darauf fest und bestreiche diese ebenfalls mit Serviettenkleber.

4. Bestreiche das Gewinde des Glases mit Bastelkleber und wickle eine Schnur darum.

5. Sobald der Kleber getrocknet ist, kannst du Teelichter hineinstellen und die Windlichter aufstellen.

## Dafür brauchst du

- ausreichend bunte Blätter
- Serviettenkleber
- Bastelkleber
- ein Einmachglas
- etwas Schnur

**tipp**

*Um ein besonders herbstliches Flair zu erzeugen, kannst du Eicheln oder Kastanien am Rand des Glases befestigen.*

# Herbstliche Windlichter

**Dank dieser selbstgemachten Herbst-Deko holst du dir romantische Stimmung in die eigenen vier Wände.**

Die Idee als Video: www.genialetricks.de/herbstliche-windlichter/

# So geht's

**1** Schneide mit dem Messer den oberen Teil der Flasche ab. Vergewissere dich, dass der untere Teil ein wenig kürzer ist als die Stifte bzw. das, was du hineinstellen möchtest.

**2** Erhitze das Bügeleisen und halte es kurz an die Schnittstelle des unteren Teils der Flasche, um die Plastikränder zu glätten. Im Nullkommanix hast du aus einer Plastikflasche einen Stiftehalter gezaubert.

## Dafür brauchst du

- eine Plastikflasche
- ein scharfes Messer
- ein Bügeleisen

**tipp**

*Mit Sprühfarbe oder buntem Klebeband kannst du die Behälter verzieren.*

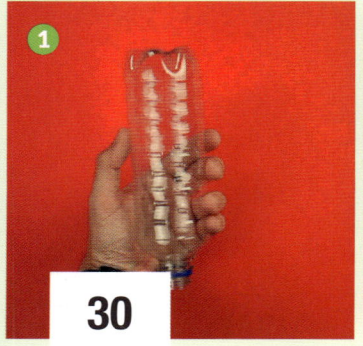 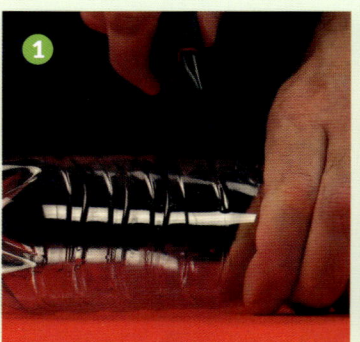 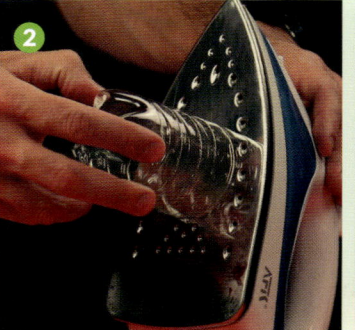 

# Stiftehalter aus Plastikflasche

**Das ist eine äußerst schnelle und einfache Möglichkeit, einen Schreibtischköcher für deine Stifte, Pinsel usw. zu basteln.**

 Die Idee als Video: www.genialetricks.de/pet-flaschen-ideen/

# So geht's

① Schneide den oberen Teil der Plastikflasche ab, sodass du einen kleinen Trichter erhältst.

② Ziehe den gewünschten Beutel mit der Öffnung voran von hinten durch die Flaschenöffnung, sodass er einige Zentimeter herausragt.

③ Stülpe den heraushängenden Teil des Beutels über den Trichter.

④ Schraube den Deckel wieder auf die Flaschenöffnung.

⑤ Ab sofort brauchst du nur noch den Deckel zu öffnen, um den Inhalt des Beutels bequem und ohne zu kleckern umschütten zu können. Und deine Lebensmittel sind sicher und luftdicht verpackt.

**Dafür brauchst du**
- eine Plastikflasche
- ein scharfes Messer

**tipp**

*Benutze verschiedenfarbige Deckel, die zum Inhalt passen.*

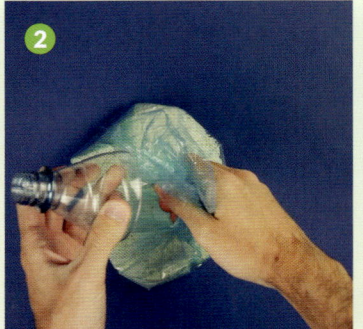

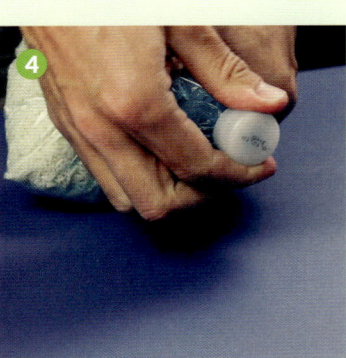

# Dosieren und Lagern mit Flaschenhals

Lebensmittel aus einem Beutel umzufüllen, kann leicht danebengehen. Die Lösung? Der Hals einer Plastikflasche. Dieser ist zusätzlich ein luftdichter Verschluss.

Die Idee als Video: www.genialetricks.de/pet-flaschen-ideen/

# Deko für daheim

**Raffinierte Ideen, um dem Zuhause das gewisse Etwas zu verleihen**

# Geschmolzenes Wachsstift-Kunstwerk

Mit einem Föhn verzauberst du simple Wachsmalstifte in ein verträumtes Kunstwerk für die Wand.

# So geht's

**1** Umreiße dein Motiv mit der Schablone auf Papier und schneide es aus. Motivvorlagen findest du unter dem selben Link, wie das Video. Natürlich kannst du auch eigene Entwürfe direkt auf die Leinwand zeichnen.

**2** Male es schwarz an oder verwende von vornherein schwarzes Tonpapier.

**3** Klebe das Motiv mittig in die untere Hälfte der Leinwand.

**4** Klebe die Wachsmalstifte mit Heißkleber entlang der oberen Kante der Leinwand auf.

**5** Nimm eine Schüssel, die einen ähnlichen Umfang hat wie der Regenschirm der Silhouette, und decke damit das Motiv ab.

**6** Fixiere die Schüssel mit Malerkrepp und stelle sicher, dass der Rand der Schüssel möglichst auf den Umrissen des Regenschirms liegt.

**7** Decke den Rest der Silhouette unterhalb der Schüssel mit Malerkrepp ab.

**8** Lehne die Leinwand an eine Wand und lege Folie oder Zeitungspapier darunter aus. Föhne die Wachsmalstifte.

**9** Entferne das Malerkrepp und die Schüssel vorsichtig, sobald das Wachs getrocknet ist.

**10** Sobald du den bunten Regen-Effekt erzeugt hast, kannst noch einen schwarzen Boden auf die Leinwand malen. Das war's, nun kannst du sie aufhängen.

## Dafür brauchst du

- eine Leinwand
- einen Bleistift
- eine Schablone mit Regenschirm-Motiv
- Bastelkleber
- ausreichend Wachsmalstifte
- eine Heißklebepistole
- eine kleine Schüssel
- Malerkrepp
- schwarze Acrylfarbe
- einen Pinsel
- einen Föhn
- ein Blatt Papier

**tipp**

*Natürlich kannst du auch deine eigenen Motive direkt auf die Leinwand zeichnen.*

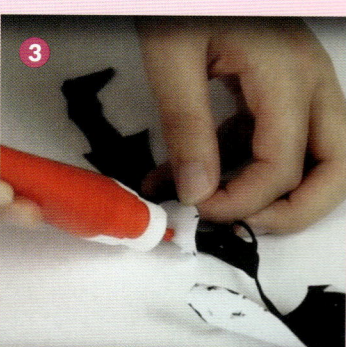

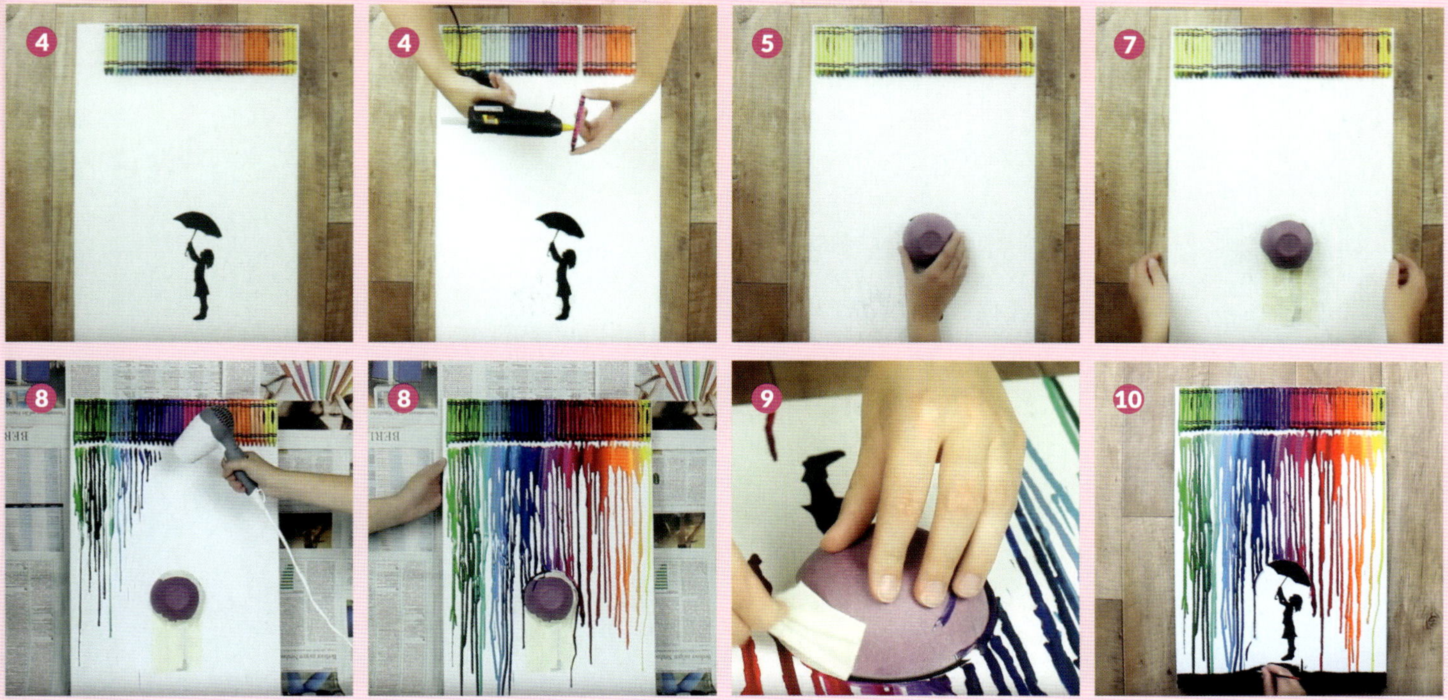


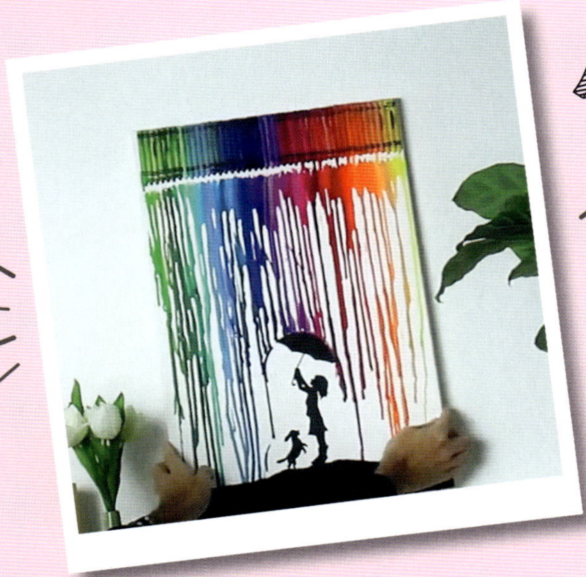

Die Idee als Video: www.genialetricks.de/wachsstift-kunstwerk/

# Knuddeliger Handtuch-Teddy

**Ohne nähen zu müssen, kannst du aus einem Handtuch ein süßes Stofftier fertigen.**

# So geht's

1. Lege das Handtuch horizontal aus.

2. Rolle die obere Hälfte bis zur Mitte ein.

3. Rolle die untere Hälfte bis zur Mitte ein, sodass zwei gleiche Rollen entstehen.

4. Knicke das zusammengerollte Handtuch einmal knapp neben der Mitte ein und wieder auseinander.

5. Drehe die kürzere Hälfte des Handtuchs an dieser Knickfalte so ein, dass die beiden Rollen nach unten zeigen.

6. Lege die eingedrehte Hälfte auf die andere und ziehe die oberen Rollen ein wenig auseinander, um daraus die Arme des Teddys zu machen.

7. Halte das Handtuch so in Form und binde das obere Drittel mit einem Gummiband ab, um den Kopf zu formen.

8. Gestalte die Ohren und binde sie ebenfalls mit jeweils einem Gummiband ab.

9. Wickle ein weiteres Gummiband um den Hals des Bären, damit sein Kopf in Form bleibt.

10. Verleihe dem Bären den letzten Schliff, indem du ein Stück Band zurechtschneidest und es ihm mit einer schönen Schleife um den Hals bindest.

## Dafür brauchst du

- ein kleines Handtuch
- 4 Gummibänder
- ein dekoratives Band
- eine Schere

**tipp**

*Klebe dem Bären zwei Wackelaugen an, um ihn richtig lebendig wirken zu lassen.*

42

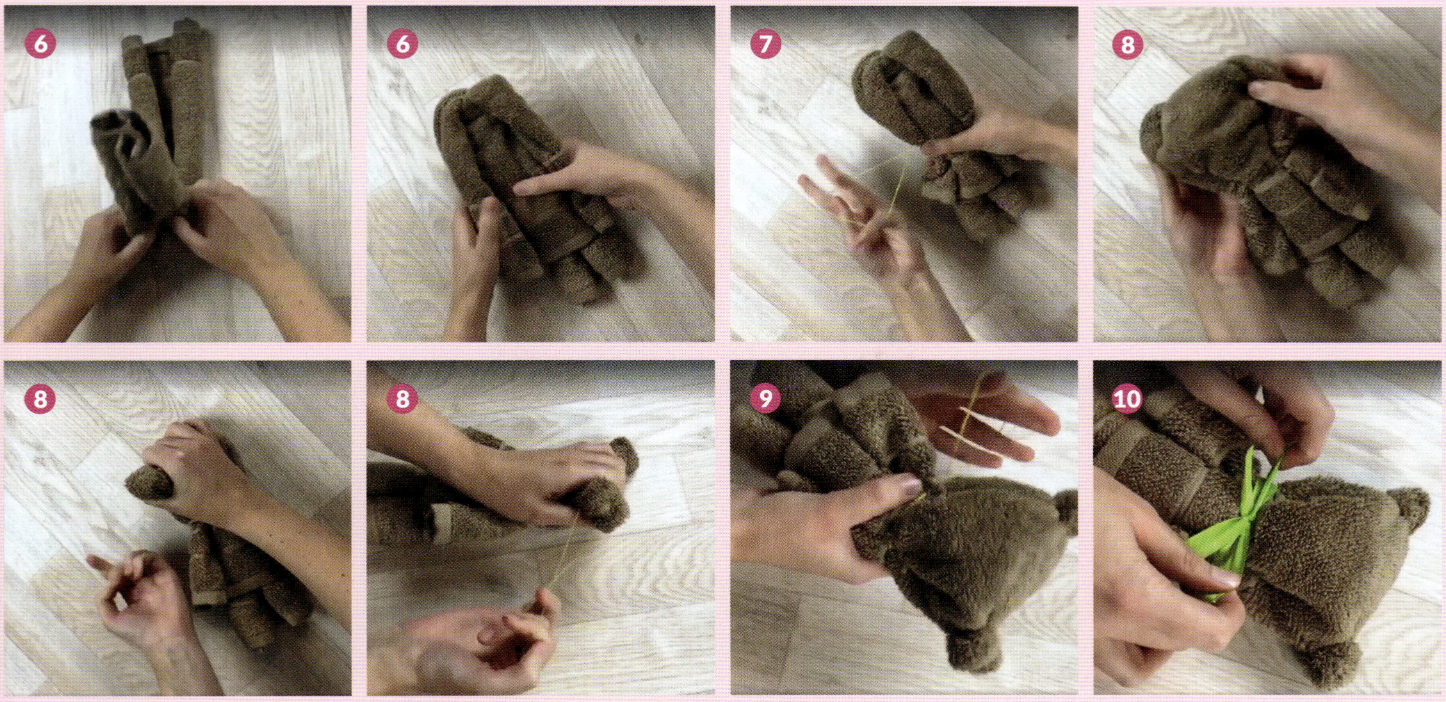


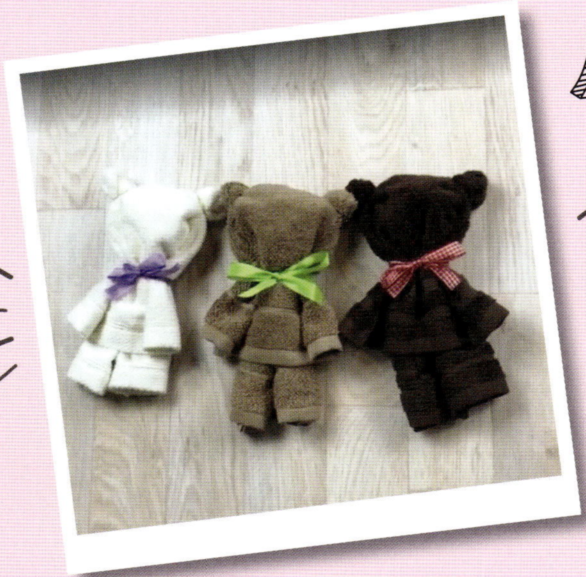

Die Idee als Video: www.genialetricks.de/handtuch-teddy/

# Bommelteppich

Dank bunter Wolle und zweier Rollen Toilettenpapier haben es deine Füße kuschelig warm.

# So geht's

① Besorge dir ausreichend Wolle in den Farben, die dein künftiger Teppich haben soll. Nimm zwei leere Rollen Toilettenpapier, lege sie nebeneinander und wickle die Wolle um beide herum.

② Schneide den Faden vom Knäuel ab, sobald du die Wolle dick genug aufgewickelt hast. Führe anschließend einen Faden zwischen den beiden Rollen hindurch und knote ihn um die aufgewickelte Wolle.

③ Ziehe die Rollen vorsichtig heraus und lege sie zur Seite, um sie später für die nächsten Bommeln wiederzuverwenden. Zieh den Knoten noch einmal richtig fest.

④ Schneide im nächsten Schritt die entstandenen Schlaufen mit einer Schere auf und stutze den Bommel ein wenig, damit die abstehenden Fäden in etwa dieselbe Länge haben.

⑤ Binde den Bommel mit dem Faden, mit dem du zuvor die aufgewickelte Wolle zusammengeknotet hast, an die Rutschunterlage.

⑥ Wiederhole die beschriebenen Arbeitsschritte so oft, bis du genügend Bommeln beisammen hast, um die gesamte Rutschunterlage zu bedecken.

## Dafür brauchst du

- Wolle in verschiedenen Farben
- eine Schere
- 2 leere Toilettenpapier-rollen
- eine Rutschunterlage

**tipp**

*Erstelle Muster, indem du die farbigen Bommeln zu Streifen, Kreisen oder im Schachbrettmuster anordnest.*

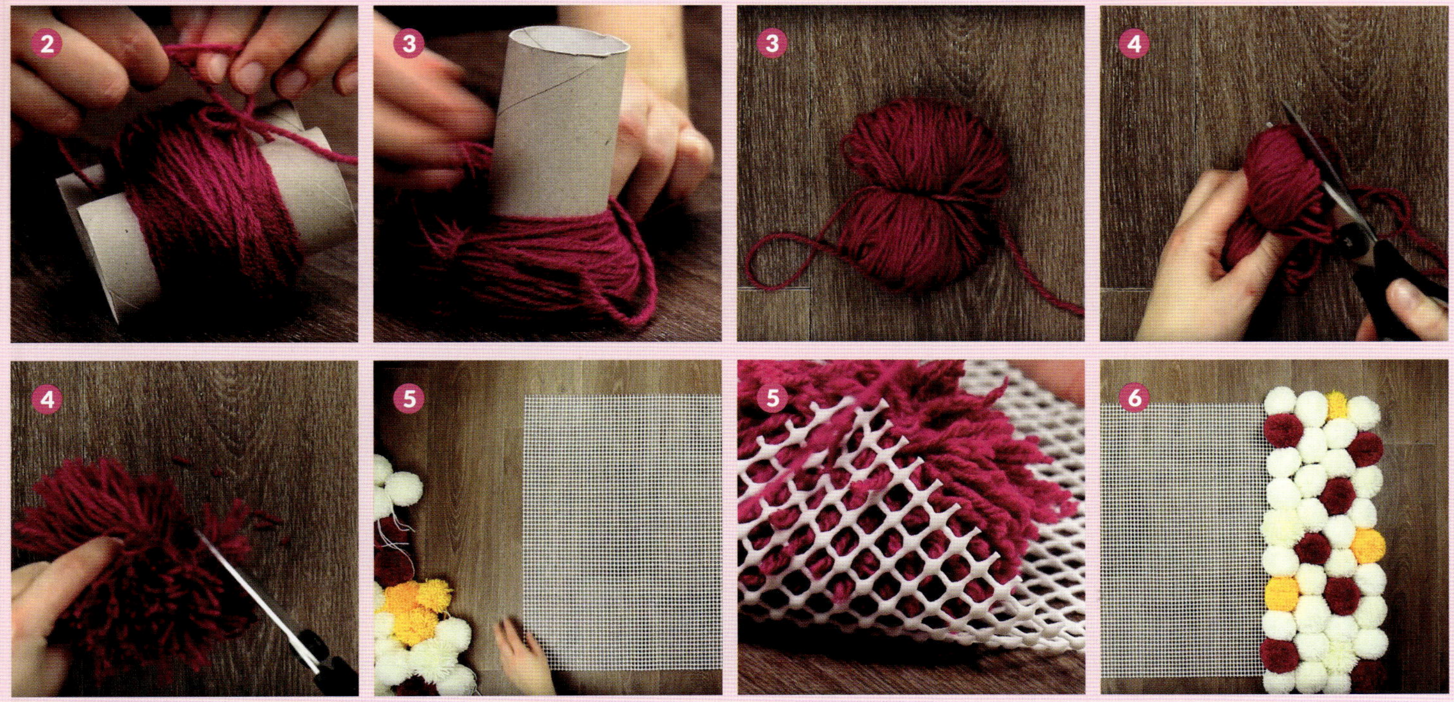


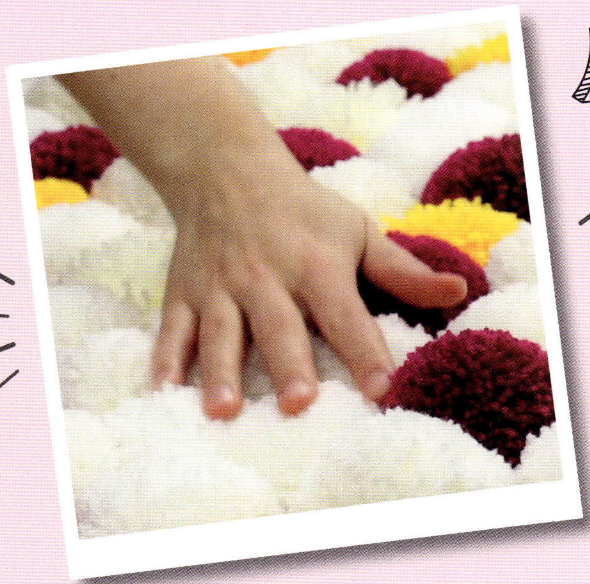

Die Idee als Video: www.genialetricks.de/bommelteppich/

# Weihnachtsstern

Bring dich und dein Wohnzimmer mit dem Butterbrotpapier-Weihnachtsstern in festliche Stimmung.

# So geht's

**1** Schneide zunächst die Schablone zurecht. Nimm dafür ein Stück Pappe in den Maßen der Papiertüten und übertrage darauf die auf der rechten Seite abgebildete Form.

**2** Lege die Schablone auf jede Papiertüte und zeichne sie mit dem Bleistift nach.

**3** Schneide dann die Umrisse sorgfältig mit der Schere aus.

**4** Jetzt werden sämtliche Tüten miteinander verklebt. Lege hierfür die erste Tüte flach auf den Tisch und klebe auf ihre obenliegende Seite einen Streifen doppelseitiges Klebeband auf die untere Kante sowie einen Streifen von oben nach unten.

**5** Lege anschließend die nächste Tüte darauf und drücke sie fest.

**6** Wiederhole diese beiden Schritte, bis sämtliche Tüten aufeinandergeklebt sind.

**7** Klebe mit Klebestift jeweils einen Papierstreifen längs auf die obere und untere Tüte auf. Das dient zur Stabilisierung.

**8** Wenn der Kleber getrocknet ist, greifst du mit beiden Händen in die äußeren Tüten und fächerst den Stern auf.

**9** Dort, wo die beiden Enden sich berühren, stanzt du mit dem Locher ein Loch hinein, durch das du den Faden führst, mit dem du den Stern zusammenknoten und aufhängen kannst.

## Dafür brauchst du

- 7 gleich große Butterbrottüten
- Pappe für die Schablone
- einen Bleistift
- eine Schere
- doppelseitiges Klebeband
- einen Klebestift
- 2 Streifen Papier (ca. 2x10 cm)
- einen Locher
- Bindfaden

**tipp**

*Verwende verschieden-farbige Tüten für mehr Abwechslung.*

Design-Muster

Die Idee als Video: www.genialetricks.de/weihnachtsstern/

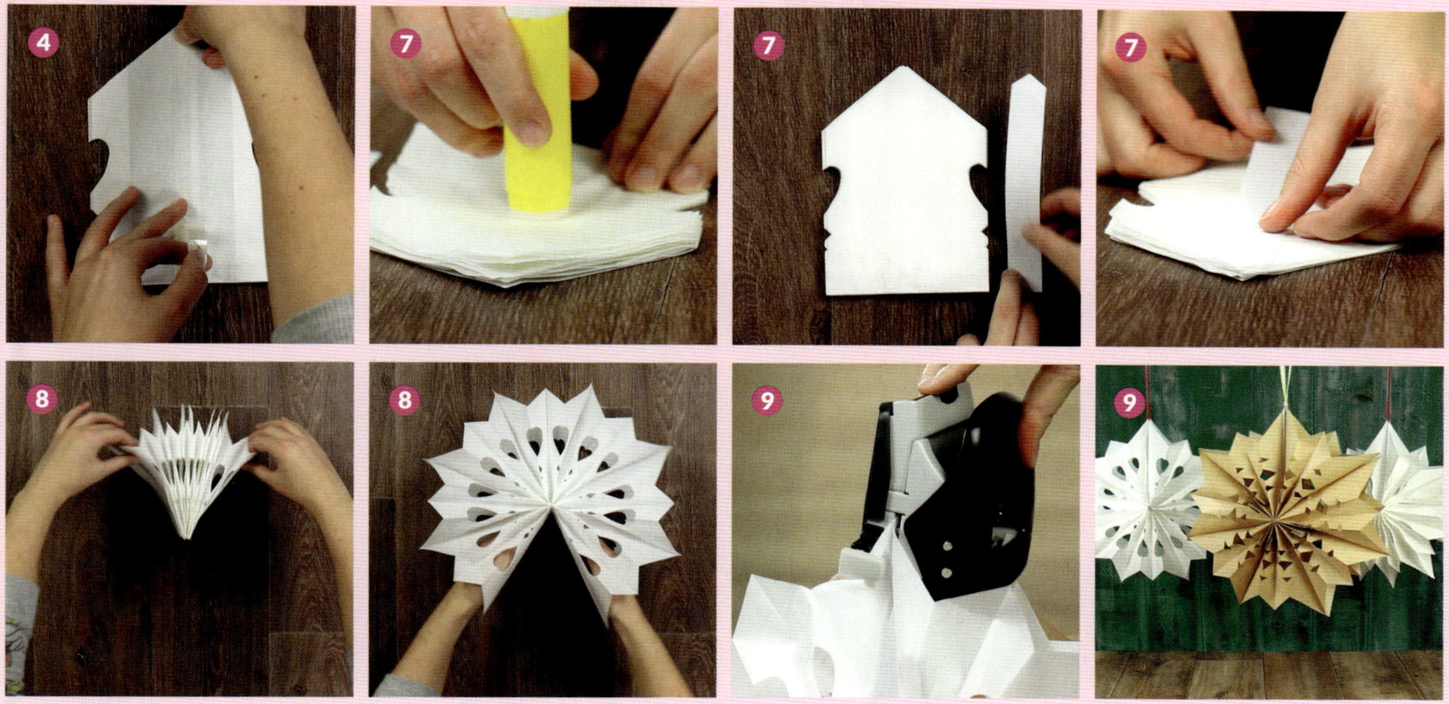

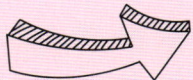

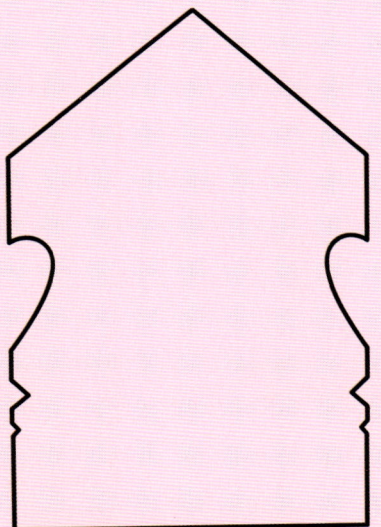

# 3 Blumen-Dekorationen

Blumen verschönern jedes Heim – umso mehr, je ansprechender du sie arrangierst.

# So geht's

## Wand aus Zitronen

**1** Stelle die schmalere Vase in die breitere hinein.

**2** Schneide ausreichend Zitronenscheiben zurecht und staple sie in dem Raum zwischen den beiden Gefäßen aufeinander. Fülle den Zwischenraum mit Wasser auf.

**3** Abschließend gießt du Wasser in die innere Vase und stellst die Blumen hinein.

## Unsichtbarer Halt

**1** Fülle die Schale mit Wasser und klebe ein Gitter aus Tesafilm darüber.

**2** Kürze die Blumenstiele, sodass sie gerade noch so ins Wasser reichen. Stecke die Blumen anschließend durch die Löcher des Tesafilm-Gitters, um dein Dekor zu gestalten.

## Kleine Seerosen

**1** Schneide den Stiel jeder Rose ungefähr zwei Fingerbreit unterhalb der Blüte ab.

**2** Schneide für jede Rose zwei runde Stücke Luftpolsterfolie zurecht, die ungefähr den Durchmesser der Blüte besitzen, und stich die Rose durch beide hindurch.

**3** Fülle ein breites Gefäß mit Wasser und bedecke die gesamte Wasseroberfläche mit den präparierten Rosen. Dank der Luftpolsterfolie werden sie obenauf schwimmen.

## Dafür brauchst du

**Wand aus Zitronen:**

- Zitronen
- eine große Glasvase
- eine Vase, die ungefähr genauso hoch, aber schmaler als die erste ist

**Unsichtbarer Halt:**

- eine große Glasschale oder breite Vase
- Tesafilm

**Kleine Seerosen:**

- Luftpolsterfolie
- eine große Schale

**tipp**

*Gestalte deine Dekors nach Belieben, indem du z.B. Orangen anstatt Zitronen oder Tulpen anstatt Rosen verwendest.*

▶ Die Idee als Video: www.genialetricks.de/3-blumen-dekos/

# Mini-Wollmützen

Mit diesen süßen Mützchen verleihst du deiner Weihnachtsdeko ein besonderes Flair.

# So geht's

① Drücke die Toilettenrolle flach und markiere mit Lineal und Stift jeweils 1,5 cm breite Streifen.

② Zerschneide die Papprolle entlang dieser Markierungen, sodass du 5 gleich breite Ringe erhältst.

③ Suche dir ein Wollknäuel aus und schneide davon ausreichend Fäden mit einer Länge von 30 cm ab.

④ Befestige die Schnüre mit einem einfachen Knoten entlang des Papprings. Die Schlaufe befindet sich hierbei auf der Innenseite des Rings, die Enden der Fäden werden einmal um den Ring gewunden und durch die Schlaufe gezogen. Die Fäden sollten alle in dieselbe Richtung herabhängen.

⑤ Teile die herunterhängenden Wollfäden in zwei Hälften, zwirble sie leicht und führe sie zurück durch den Pappring. Streiche anschließend alles schön glatt.

⑥ Ungefähr 2 cm über der Pappe bindest du die Schnüre mit einem weiteren Faden zusammen. An diesem Faden kannst du später die Mützen aufhängen.

⑦ Abschließend bringst du noch die Bommel der Mütze in Form, indem du die abstehenden Fäden stutzt.

## Dafür brauchst du

- Wolle in den Farben deiner Wahl
- eine Toilettenpapier-rolle
- eine Schere
- einen Stift
- ein Lineal

**tipp**

*Neben Strohsternen und Christbaumkugeln sind die Mini-Mützen der ideale Schmuck für den Weihnachtsbaum.*

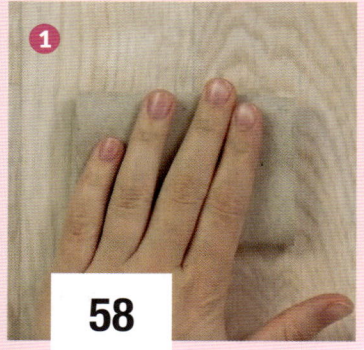

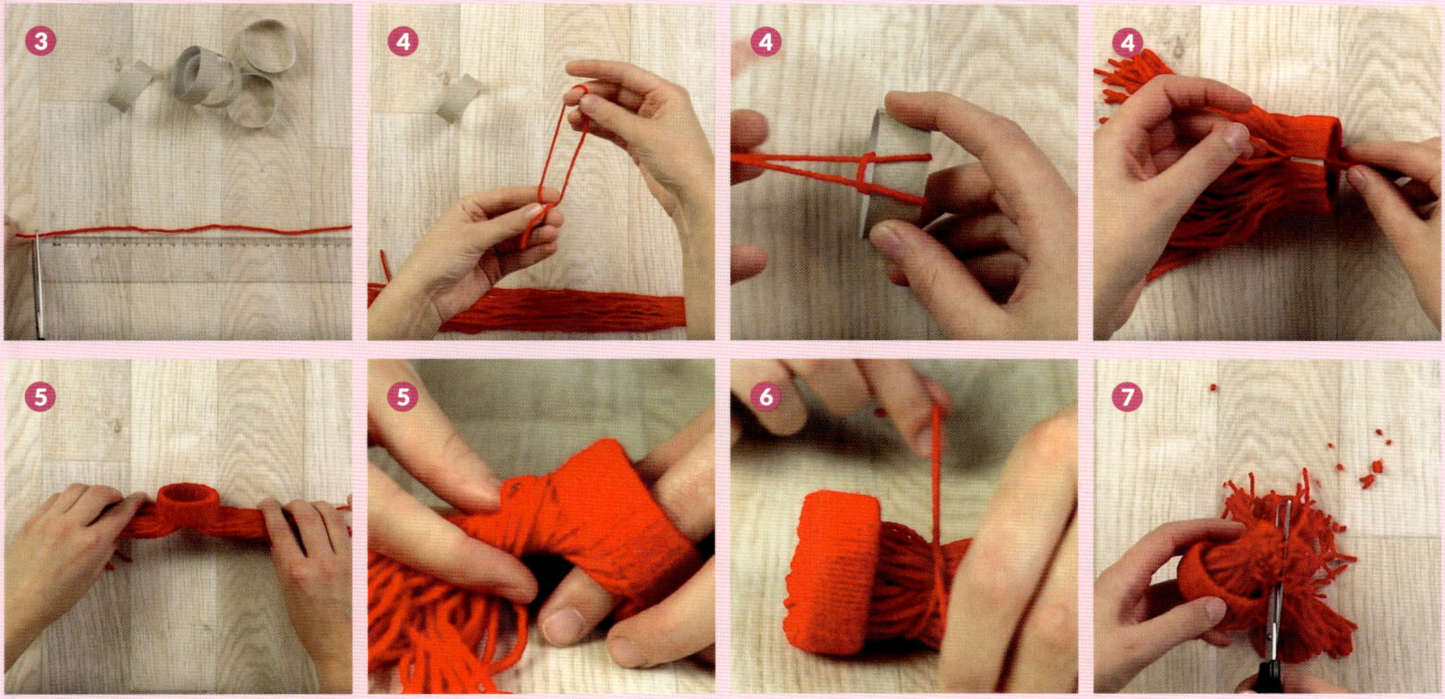


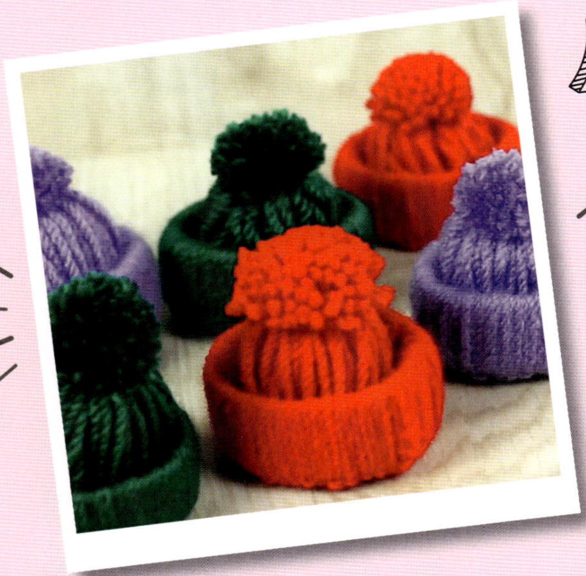

Die Idee als Video: www.genialetricks.de/mini-wollmuetzen/

# Dracheneier

Verziere deinen Garten, deinen Balkon oder deine Veranda mit Windlichtern in Form von prächtigen Dracheneiern.

# So geht's

1. Fülle Gips und Wasser in eine Flasche, verschließe diese und schüttle sie kräftig. Die Mischung sollte ausreichend flüssig sein.

2. Stülpe einen aufgeblasenen Luftballon über die Flaschenöffnung und schütte den angerührten Gips in den Ballon.

3. Knote den Ballon zu (es muss immer noch Luft drin sein). Verteile die Gipsmasse so, dass der ganze Ballon innen gleichmäßig bedeckt ist. Bis die Masse fest ist, dauert es ca. 15 Minuten.

4. Entferne den Ballon mithilfe eines Messers vorsichtig von der Gipskugel und lasse diese über Nacht vollständig austrocknen.

5. Schlage mit einem Schraubenzieher und einem Hammer vorsichtig ein Loch in die Gipskugel.

6. Pule ein Loch in die Hülle.

7. Bemale das Drachenei von innen und außen und stelle ein Teelicht hinein, sobald die Farbe getrocknet ist.

## Dafür brauchst du

- einen Luftballon
- eine Plastikflasche, 0,5 l
- einen Trichter
- 200 g Modelliergips
- 100 ml Wasser
- ein Messer oder eine Schere
- Schraubenzieher und Hammer
- Farben und Pinsel

**tipp**

*Verwende zum Bemalen der Innenseite Metallicfarbe, um den Dracheneiern einen wahrhaft magischen Glanz zu verleihen.*

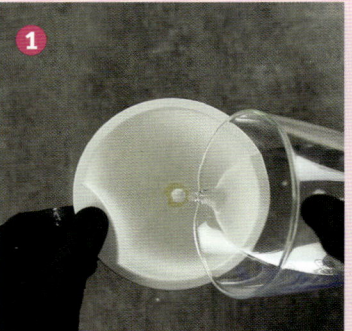

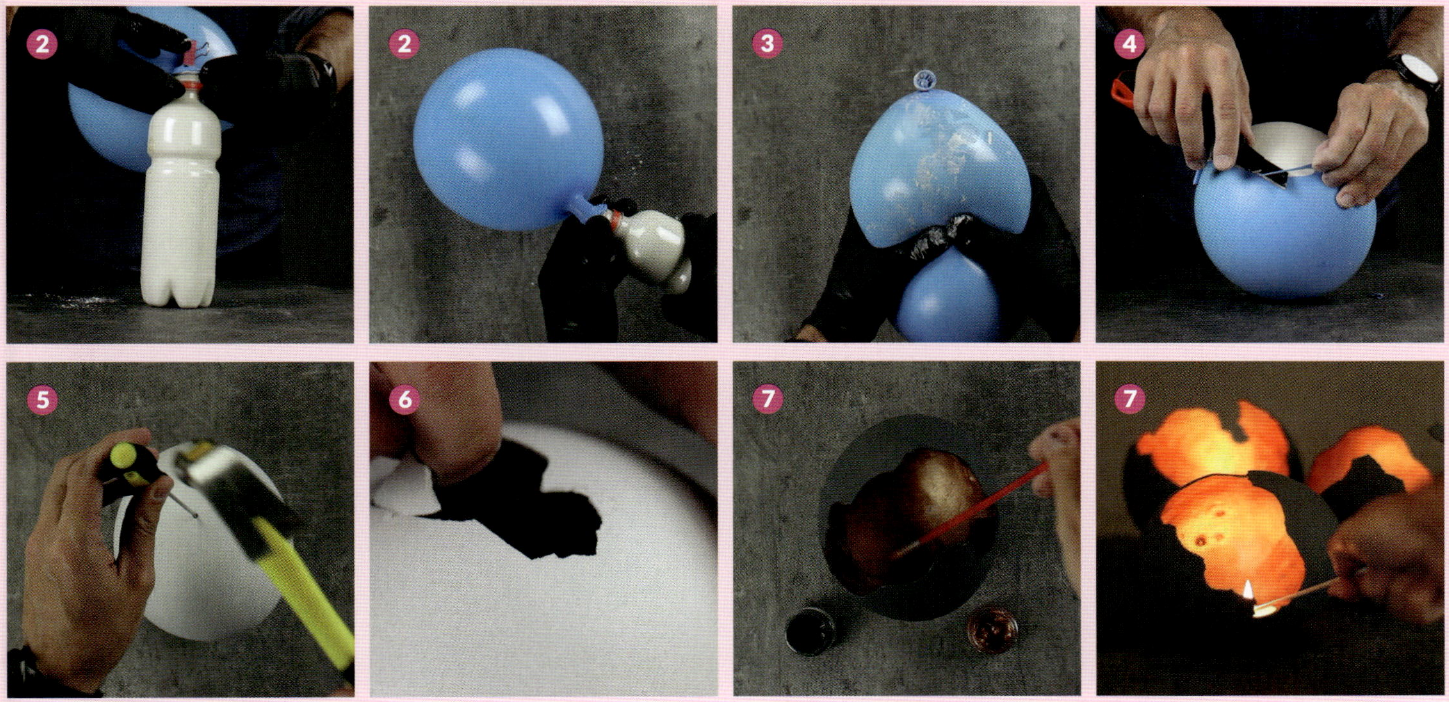


Die Idee als Video: www.genialetricks.de/dracheneier/

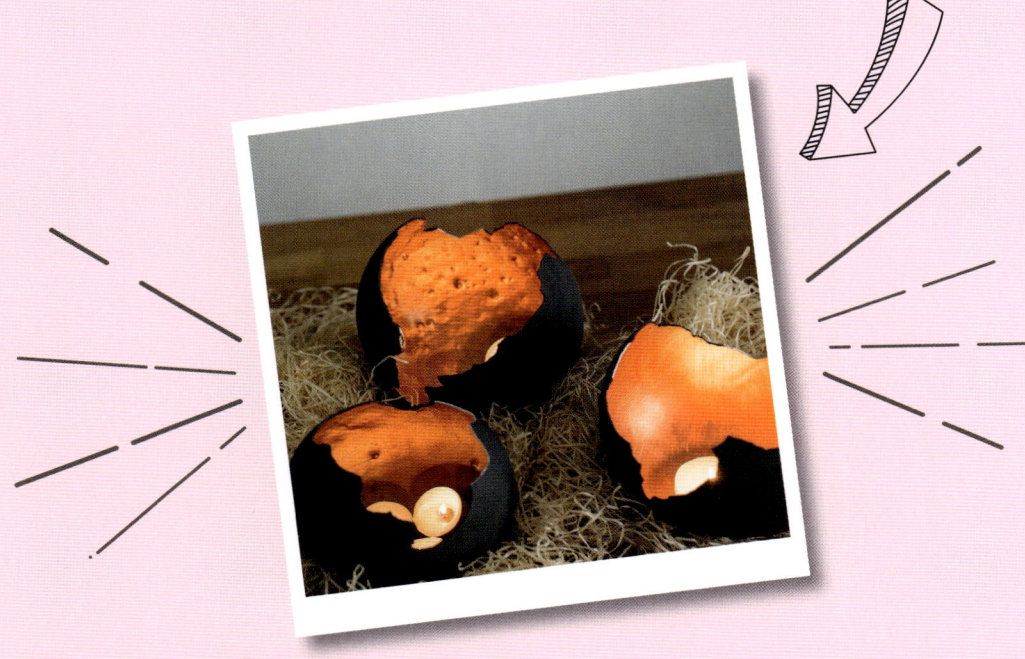

# Loopschal

**Dieser schicke Endlosschal macht die kalte Jahreszeit warm, kuschelig und gemütlich.**

# So geht's

(Dieses Projekt ist nicht für Strickanfänger geeignet.)

1. Greif dir die Anfänge von beiden Knäueln und zieh mit diesen beiden Schnüren einen Strang ab, der etwa sechs Armlängen misst. Schneide die Wolle nicht von den Knäueln ab!

2. Stattdessen bildest du an der Stelle, an der die sechs Armlängen enden, einen Laufknoten und schiebst dir die Schlaufe auf dein rechtes Handgelenk.

3. Anschließend nimmst du insgesamt 12 Maschen vom Ende des Garns mit deinem rechten Arm auf.

4. Um die zweite Reihe zu beginnen, hältst du den Arbeitsfaden in der rechten Hand und lässt die erste Masche von deinem Arm gleiten und ziehst die neu entstandenen Maschen über die linke (leere) Hand.

5. Nimm erneut 12 Maschen auf, diesmal von den Knäueln her.

6. Nach jeweils 12 Maschen wechselst du von links nach rechts und wieder zurück und verfährst dabei Punkt 4 entsprechend. Wiederhole den Wechsel von Arm zu Arm, bis die Wolle fast aufgebraucht ist.

7. Sobald die Wolle aufgebraucht ist, kettest du die Maschen ab.

8. Zerschneide anschließend die letzte Masche und knote die beiden Fadenenden fest zusammen. Überstehende Enden kannst du abschneiden.

9. Zum Schluss legst du Anfang und Ende des Schals übereinander und vernähst sie mit den Fäden, die noch am Anfang des Schals verblieben sind.

## Dafür brauchst du

- 2 Wollknäuel, 150 g schwer, 100 m lang
- eine Schere

**tipp**

*Je mehr Wollfäden du mit einem Mal nimmst, desto dicker und flauschiger wird dein Schal.*

# So geht's

**1** Schraube die Rollen an den Ecken eines der beiden Bretter fest.

**2** Klebe die Kisten auf das Brett mit den Rollen. Trage den Holzleim hierfür am besten auf die Kiste auf.

**3** Klebe das zweite Brett auf die Kisten.

**4** Abschließend kannst deine Sitzbank nach Belieben anstreichen und mit Kissen und Aufbewahrungsmöglichkeiten ausstaffieren.

## Dafür brauchst du

- 2 Bretter mit den Maßen 120 x 30 cm
- 4 Rollen (inkl. Schrauben)
- 2 Holzkisten
- Holzleim

**tipp**

*Frage im Supermarkt nach, ob sie Wein- oder Obstkisten für dich übrig haben.*

# Sitzbank und Sideboard in einem

**Baue deine Möbel doch einfach mal selbst, anstatt sie im Möbelhaus zu kaufen.**

 Die Idee als Video: www.genialetricks.de/sitzbank/

# So geht's

**1** Schneide ein Stück Seidenpapier so zurecht, dass es etwas schmaler als das Blatt Papier ist.

**2** Fixiere mit etwas Tesafilm das Seidenpapier mit der glänzenden Seite nach unten auf dem Druckerpapier.

**3** Lege das vorbereitete Papier so in den Drucker, dass das Foto auf die Seite mit dem Seidenpapier gedruckt wird, und drucke das Bild, das du auf die Kerze bannen möchtest, aus.

**4** Nach dem Druck schneidest du das Foto aus und lässt dabei links und rechts einen kleinen Rand stehen.

**5** Wickle das Motiv mittig um die Kerze. Darüber legst du einen Bogen Wachspapier. Achte beim Auflegen darauf, Luftbläschen zu vermeiden.

**6** Föhne das Foto. Dabei verflüssigt sich die oberste Schicht des Kerzenwachses und verschmilzt mit dem Seidenpapier. Das Foto wird hierbei dunkler.

**7** Sobald das Foto eine gleichmäßige Färbung angenommen hat, kannst du das Wachspapier langsam abziehen. Lass die Kerze abschließend eine halbe Stunde ruhen.

## Dafür brauchst du

- eine Kerze
- Seidenpapier
- ein A4-Blatt Druckerpapier
- Tesafilm
- einen Tintenstrahldrucker und deinen PC
- eine Schere
- Wachspapier
- einen Föhn

**tipp**

*Anstatt eines Fotos kannst du natürlich auch eine besondere Botschaft in einer schönen Schriftart ausdrucken.*

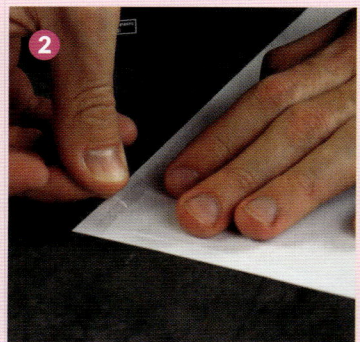

# Lieblingsfoto auf Kerze bannen

**Mit ein paar einfachen Schritten machst du aus einer banalen Kerze ein Geschenk mit persönlicher Note.**

 Die Idee als Video: www.genialetricks.de/foto-auf-kerze-drucken/

# So geht's

**1** Reinige das Glas und entferne das Etikett. Bemale dann das gesamte Glas von außen mit Acrylfarbe.

**2** Zeichne mit Acrylfarbe und einem sehr feinen Pinsel ein Hasengesicht auf das getrocknete Glas.

**3** Umwickle das Gewinde des Glases mit der Kordel, die du mit einem kleinen Knoten befestigst.

**4** Zum Schluss brauchst du deine neue Vase nur noch mit Wasser zu füllen und deinen Blumenstrauß hineinzustellen.

## Dafür brauchst du

- ein Würstchenglas
- Acrylfarbe
- einen Pinsel
- eine Kordel

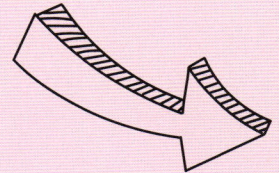

**tipp**

*Verwende kleine, breitere Gläser, um nicht nur große, schlanke Hasen-Vasen zu kreieren.*

# Häschen-Vase

**Mit bunten Eiern geschmückte Forsythien, oder hübsche Blumensträuße: Stelle sie zu Ostern in passenden Häschen-Vasen auf.**

 Die Idee als Video: www.genialetricks.de/haeschen-vase/

# So geht's

**1** Verfahre mit jeder Toilettenpapierrolle wie folgt: Zunächst bestreichst du die Kante der Rolle an einer Seite mit Bastelkleber.

**2** Klebe die Rolle hochkant auf ein Stück Papier und schneide das Papier um die Rolle herum ab.

**3** Klebe mit Heißkleber ein Stück Filz um die Toilettenpapierrolle. Es sollte ungefähr zwei Drittel so breit sein wie die Rolle.

**4** Forme ein anderes, quadratisches Stück Filz zu einer Zipfelmütze, indem du es diagonal einrollst und an der Längsseite mit Heißkleber festklebst.

**5** Schneide anschließend überstehenden Filz ab, um eine dreieckige Form zu erhalten.

**6** Male dem Weihnachtswichtel ein Gesicht auf und klebe ihm ein Etikett mit der entsprechenden Zahl (von 1–24) auf den Bauch.

**7** Zu guter Letzt musst du nur noch den Wichtel mit Süßigkeiten füllen und ihm seine Mütze aufsetzen.

## Dafür brauchst du

- 24 Toilettenpapier-rollen
- ausreichend Filz in den Farben deiner Wahl
- Bastelkleber
- eine Heißklebepistole
- Papier
- einen Filzstift
- 24 runde, selbst-klebende Etiketten

**tipp**

*Gestalte jeden Wichtel mit eigenem Gesicht und verschiedenfarbiger Kleidung.*

74

# Adventskalender

**Mit diesem süßen Adventskalender wird die Vorfreude auf Weihnachten nochmals gesteigert.**

 Die Idee als Video: www.genialetricks.de/adventskalender/

# So geht's

**1** Sammle ausreichend Äste und kürze sie mit der Säge auf 30 cm.

**2** Stutze die Zweige der Äste mit der Gartenschere auf ungefähr 4 cm.

**3** Schraube die Äste hochkant auf eine der Leisten mit 50 cm Länge.

**4** Vervollständige den Rahmen, indem du die beiden Leisten mit 30 cm Länge an den Seiten und die verbliebene lange Leiste obenauf annagelst.

**5** Nagle das obere Brett zudem an jedem Ast fest.

**6** Bringe die Garderobe an der Wand an. Beachte dabei, dass die Befestigung die Last der Garderobe und der angehängten Jacken und Taschen halten muss.

## Dafür brauchst du

- ausreichend dicke Äste
- eine Säge
- eine Gartenschere
- 2 Holzleisten, 50 cm lang
- 2 Holzleisten, 30 cm lang
- Schraubenzieher und Schrauben
- Hammer und Nägel

**tipp**

*Je nach Belieben kannst du das Holz natürlich noch anstreichen.*

76

# Garderobe aus Zweigen

**Hast du Lust auf ein kleines Stückchen Wald in den eigenen vier Wänden? Dann ist diese Garderobe genau das Richtige für dich.**

 Die Idee als Video: www.genialetricks.de/garderobe-aus-zweigen/

# So geht's

1 Schneide den Kürbis wie gewohnt oben auf und höhle ihn aus.

2 Bohre mit unterschiedlich großen Bohrköpfen Muster in den Kürbis.

3 Platziere abschließend ein Teelicht in den Kürbis und stelle ihn auf.

**tipp** — *Markiere mit einem Stift, wo du welche Löcher in welcher Größe setzen möchtest.*

# Kürbislaternen

**Gestalte deine Kürbislaternen zu Halloween, ohne sie mühevoll mit der Hand schnitzen zu müssen.**

 **Die Idee als Video: www.genialetricks.de/kuerbislaternen/**

# So geht's

**1** Führe das Stoffband abwechselnd durch die Zinken der Gabel. Lass den Anfang des Bandes dabei seitlich überstehen.

**2** An der vierten Zinke angekommen, führst du das Band oberhalb der ersten Reihe in die Gegenrichtung ein zweites Mal durch die Gabel.

**3** Das wiederholst du so oft, bis 4 Reihen Stoffband übereinanderliegen. Die 5. Reihe wird nur um die erste Zinke gewickelt.

**4** Jetzt fädelst du das zweite Stoffband zwischen den beiden mittleren Zinken längs um die fünf zuvor aufgezogenen Lagen, machst einen einfachen Knoten und ziehst das Band fest zusammen.

**5** Ziehe die Stoffbänder von der Gabel und kürze die Enden mit einer Schere auf gleiche Länge.

**6** Bevor du mit ihnen irgendetwas verzierst, halte die Enden der Mini-Schleifen ganz kurz an eine Flamme, um sie vor dem Ausfransen zu schützen.

## Dafür brauchst du

- eine Gabel mit 4 Zinken
- eine Schere
- eine Kerze
- 2 Stoffbänder in verschiedenen Farben

**tipp**

*Die Schleifchen sehen auch an Haarspangen, Schnürsenkeln, Handtaschen oder anderen Accessoires hervorragend aus.*

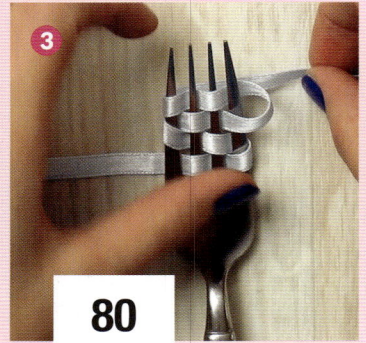

# Mini-Schleifen

**Manchmal sehen verpackte Geschenke trotz kostbaren Geschenkpapiers gähnend langweilig aus. Dem kannst du hiermit Abhilfe verschaffen.**

 Die Idee als Video: www.genialetricks.de/minischleifchen/

# So geht's

**1** Als Erstes musst du den Kleiderbügel kreisförmig verbiegen.

**2** Öffne den Kleiderbügel am Haken.

**3** Fädle nun die Christbaumkugeln auf. Arrangiere sie ganz nach deinem Geschmack.

**4** Sobald du damit fertig bist, drehe den Kleiderbügel oben am Haken zu.

**5** Verziere deinen Kranz abschließend mit einer schönen Schleife am Haken und hänge ihn z.B. an deine Eingangstür.

## Dafür brauchst du

- einen Drahtkleider-bügel
- Stoffband
- Christbaumkugeln in verschiedenen Farben und Größen

**tipp**

*Anstatt eines Kleiderbügels kannst du auch dicken Draht verwenden.*

82

# Weihnachtskranz aus Christbaumkugeln

**Aus Christbaumkugeln und einem Kleiderbügel lässt sich schnell und einfach ein Weihnachtskranz basteln.**

 Die Idee als Video: www.genialetricks.de/weihnachtskranz/

# So geht's

**1** Um eine einzelne Kerze zu basteln, halbierst du zunächst die Küchenrolle.

**2** Nimm dann die Klebepistole zur Hand und trage den Kleber am oberen Ende der Papprolle so auf, dass er aussieht wie herunterlaufendes Wachs.

**3** Trage auch auf der Innenseite der Kante rundherum eine Schicht Kleber auf. Lasse den Klebstoff anschließend trocknen.

**4** Besprühe die Rolle mit der gewünschten Farbe und warte, bis sie getrocknet ist.

**5** An dem Ende mit dem Klebstoff setzt du nun ein LED-Teelicht in die Küchenrolle.

**6** Schneide anschließend ein langes Stück Garn ab und klebe die Enden mit Heißkleber links und rechts neben das LED-Licht, um sie daran aufzuhängen.

## Dafür brauchst du

- eine leere Küchenrolle
- eine Schere oder ein Messer
- eine Heißklebepistole
- Sprühfarbe
- ein LED-Teelicht
- schwarzes Garn

**tipp**

*Benutze Leuchtfarbe, um deine Kerzen noch gruseliger zu machen.*

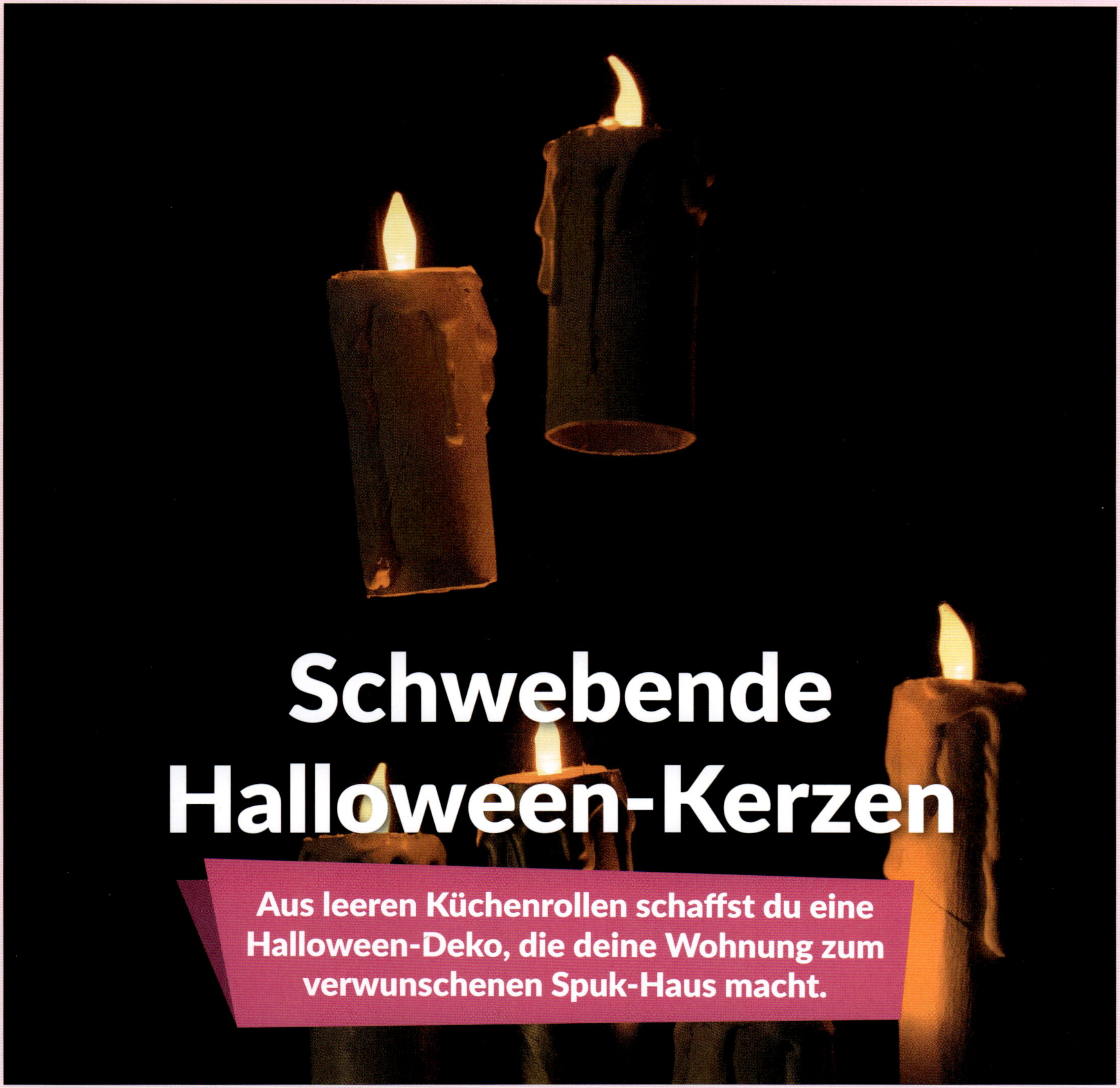

# Schwebende Halloween-Kerzen

Aus leeren Küchenrollen schaffst du eine Halloween-Deko, die deine Wohnung zum verwunschenen Spuk-Haus macht.

# So geht's

1. Fülle den Bastelbeton mithilfe eines Trichters in die Flasche und gib das Wasser hinzu. Verschließe die Flasche und schüttle sie mitsamt ihrem Inhalt gründlich durch.

2. Bestreiche anschließend das Tablettenröhrchen mit Pflanzenöl (um ein Festkleben zu verhindern) und stecke es in die mit Beton gefüllte Flasche.

3. Fixiere das Röhrchen mit Klebeband an der Flasche.

4. Klopfe die Luft aus dem Beton, indem du mit der flachen Hand leicht auf die Flasche schlägst.

5. Lasse den Beton in der Flasche 24 Stunden lang trocknen.

6. Entferne das Klebeband und löse das Plastik vom Beton. Am besten schneidest du die Flasche hierfür vorsichtig mit einem Messer auf.

7. Ziehe zudem das Tablettenröhrchen heraus und lege es zur Seite – du wirst es gleich noch brauchen.

8. Verziere deine Betonvase, indem du sie nach Belieben bemalst. Um saubere, gerade Streifen zu malen, verwende das Klebeband als Kantenbegrenzung.

9. Schneide das Tablettenröhrchen in zwei Teile und stecke den unteren Teil mit der Öffnung nach oben zurück in die Betonvase.

10. Damit ist deine Vase aus Beton fertig. Fülle das Tablettenröhrchen mit Wasser und stelle ein paar Blumen hinein.

## Dafür brauchst du

- einen Pinsel
- Farbe
- Klebeband
- 800 g Bastelbeton
- einen Trichter
- 120 ml Wasser
- Pflanzenöl
- ein scharfes Messer
- ein Tablettenröhrchen (z.B. für Vitamin-Brausetabletten)
- eine Plastikflasche mit breiter Öffnung (z.B. für Buttermilch)

**tipp**

*Ohne Wasser eignet sich die Vase auch als Kerzenständer.*

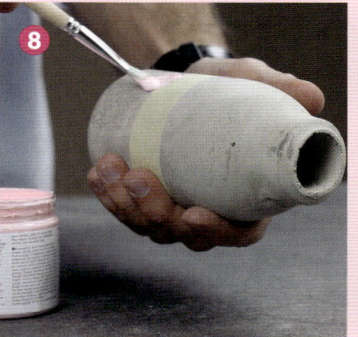

# Schöne Vase aus Beton

**Verleihe deinem Heim mit diesen selbstgegossenen Vasen aus Beton das gewisse Etwas.**

 Die Idee als Video: www.genialetricks.de/vase-aus-beton/

# So geht's

1. Spanne die Papierlampions auf und klebe sie mit der Heißklebepistole in einer Reihe aneinander.

2. Stich mit der Schere Löcher in die Lampions, um die Lichterkette durch alle drei hindurchzuführen.

3. Beklebe die Lampions von außen vollständig mit Watte. Hänge sie auf und schließe sie an, sobald der Kleber getrocknet ist.

## Dafür brauchst du

- 3 runde Papier-lampions
- weiße Watte
- eine Heißklebepistole
- eine Schere
- eine LED-Lichterkette (am besten mit unterschiedlichen Programmen)

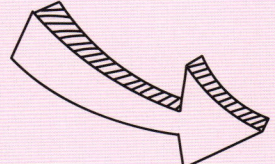

**tipp**

*Achte beim Kauf darauf, eine LED-Lichterkette zu nehmen, da diese sich nicht aufheizt.*

# Wolken-Lampe

**Diese Lichtinstallation lässt dich auf Wolke sieben schweben.**

 Die Idee als Video: www.genialetricks.de/wolkenlampe/

# So geht's

**1** Zeichne mit dem Stift eine Linie um die Mitte der Mandarine herum. Nimm eventuell ein Buch in passender Dicke zu Hilfe.

**2** Schneide die Mandarine entlang dieser Linie auf.

**3** Entferne vorsichtig die Schale von der Mandarine, ohne sie zu beschädigen. Nimm eventuell einen Löffel zu Hilfe.

**4** Fülle die untere Schalenhälfte mit Olivenöl. Tränke auch den abstehenden Stiel mit Öl; er wird als Docht fungieren.

**5** Schneide ein Muster – z.B. einen Stern – in die obere Hälfte, damit die Flamme mit Luft versorgt wird und es nett aussieht.

**6** Zünde den Docht an und setze die obere Schalenhälfte auf. Achte darauf, dass die Kerze einen festen Stand hat und nicht umkippen kann.

## Dafür brauchst du

- eine Mandarine
- ein Messer
- einen Stift
- Olivenöl

**tipp**

*Verwende Zitronen oder Limetten als Alternativen im Sommer.*

# Mandarinen-Kerze

**Bringe Licht ins Dunkel mit einer Kerze aus einer Mandarinenschale.**

 Die Idee als Video: www.genialetricks.de/mandarinen-kerze/

# So geht's

1. Schneide zunächst mit dem Bastelmesser etwa eine Handvoll Modelliermasse ab und forme sie zu einer Kugel.

2. Anschließend walzt du die Kugel mit dem Nudelholz zu einer ca. 1 cm dicken, runden Fläche aus.

3. Lege das Blatt auf den Fladen und drücke es mit den Fingern fest an, damit sich seine Konturen auf der Modelliermasse abzeichnen.

4. Anschließend stichst du vorsichtig mit dem Zahnstocher die Modelliermasse um das Blatt herum aus und entfernst sie.

5. Löse danach vorsichtig das Blatt von der Modelliermasse.

6. Löse die Modelliermasse in Form des Blatts von der Arbeitsfläche. Nimm hierfür das Bastelmesser zu Hilfe.

7. Lege die Modelliermasse mittig in eine eingeölte Schüssel. Die Ränder des modellierten Blattes sollten sich am Schüsselrand nach oben wölben.

8. Die Schüssel mit der Modelliermasse schiebst du nun bei 110 °C für 25 Minuten in den Backofen.

9. Warte danach, bis sich die erhärtete Modelliermasse abgekühlt hat, bevor du sie aus der Schüssel nimmst.

10. Streiche deine Schale abschließend mit Pinsel und Acrylfarbe ganz nach deinem Belieben an.

## Dafür brauchst du

- ein großes frisches Laubblatt
- eine Packung ofenhärtende Modelliermasse
- ein Nudelholz
- einen Zahnstocher
- eine Glasschüssel
- Pflanzenöl
- ein Bastelmesser
- Metallic-Acrylfarbe
- einen Pinsel

**tipp**

*Die Laub-Schale ist ein praktisches Gefäß für Schmuck, Schlüssel oder Knabbereien.*

# Schale aus Laub

**Hiermit holst du dir den goldenen Herbst das ganze Jahr über in deine vier Wände.**

Die Idee als Video: www.genialetricks.de/schale-aus-laub/

# So geht's

**1** Bohre ein Loch mittig in den Deckel.

**2** Setze die Gewindestange in das Loch und fixiere sie beidseitig mit den Muttern.

**3** Rolle ein Baumwolltuch zusammen und fädle es durch die Gewindestange. Lasse außen ein kleines Stück als Docht abstehen und wickle es im Glas auf.

**4** Befülle das Glas mit Rosenblüten. Alternativ kannst du auch eine Kombination aus Thymian, Orangenschalen und Tannenzweigen hineinlegen.

**5** Fülle das Glas mit Sonnenblumenöl auf und verschließe es. Angezündet verbreitet deine neue Duftkerze nun ein angenehmes Aroma.

## Dafür brauchst du

- ein Einmachglas mit metallischem Schraubdeckel
- eine Bohrmaschine
- eine hohle Gewindestange
- 2 dazu passende Muttern
- ein Baumwolltuch
- Sonnenblumenöl
- Rosenblüten

**tipp**

*Um deine Wohnung weihnachtlich duften zu lassen, nimm Zimt, Orangen, Sternanis und Tannengrün als Füllung.*

# Natürliche Duftöl-Kerzen

Angenehmer Geruch und obendrein schön anzusehen: Bastle deine eigenen Duftkerzen ganz ohne Wachs.

 Die Idee als Video: www.genialetricks.de/duftoel-kerze/

# Ein sauberes Zuhause

**Tipps und Tricks für ein strahlend sauberes Heim**

# So geht's

① Vermische das Natron und das Zitronensäure-Pulver miteinander in einer Schüssel.

② Träufle etwas Aromaöl auf die Pulvermischung.

③ Gib das Spülmittel hinzu und verrühre alles gut miteinander.

④ Drücke die Mischung in eine Eiswürfelform und lasse sie vier Stunden lang trocknen.

⑤ Nachdem du sie aus der Eiswürfelform gelöst hast, kannst du die Tabs verwenden.

## Dafür brauchst du

- 130 g Natron
- 30 g Zitronensäure-Pulver
- Aromaöl deiner Wahl
- 1 EL Spülmittel
- eine Eiswürfelform

**tipp**

*Bewahre die Tabs in einem luftdichten Gefäß auf.*

# WC-Reiniger-Tabs

**Die Toilette zu reinigen, kann anstrengend sein. Erleichtere dir das Putzen mit diesen WC-Tabs.**

Die Idee als Video: www.genialetricks.de/wc-reiniger-tabs/

# So geht's

1. Vermische den Bastelkleber und das Natron miteinander.

2. Rühre etwas Lebensmittelfarbe unter, bis das Gemisch eine einheitliche Farbe angenommen hat.

3. Gib die Kontaktlinsenflüssigkeit hinzu.

4. Knete den Schleim, bis er eine zähflüssige Konsistenz aufweist. Nun kannst du damit Dreck tupfend einsammeln.

## Dafür brauchst du

- 250 g Bastelkleber
- 8 g Natron
- 3-4 Tropfen Lebensmittelfarbe
- 30 ml Kontaktlinsen-flüssigkeit

**tipp**

*Du kannst deinen Schleimklumpen mehr-mals verwenden, wenn du den aufgesammelten Dreck stets einknetest.*

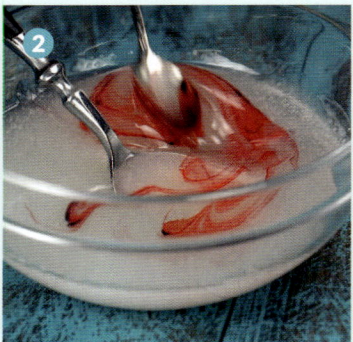

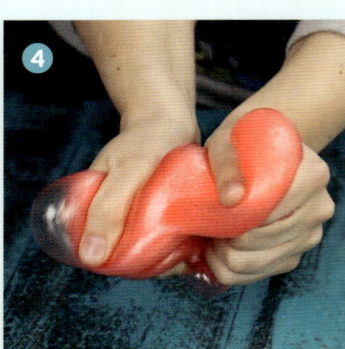

100

# Reinigungsschleim

**Hiermit befreist du die Zwischenräume deiner Tastatur problemlos von Krümeln und Staub.**

 Die Idee als Video: www.genialetricks.de/reinigungsschleim/

# So geht's

① Vermische das Backpulver und das Salz miteinander und rühre alles gut um.

② Schütte das Gemisch in den verstopften Abfluss.

③ Gieße etwas warmen Essig hinterher.

④ Schütte abschließend heißes Wasser in den Abfluss. Das löst die Verstopfung zuverlässig.

## Dafür brauchst du

- 200 g Backpulver
- 200 g Salz
- warmen Essig
- heißes Wasser

**tipp**

*Fülle den Rohrreiniger in einen großen Zucker-streuer, um ihn besser in den Abfluss schütten zu können.*

# Natürlichen Rohrreiniger selber machen

**Dank dieses Hausrezepts brauchst du nicht mehr die chemische Keule zu schwingen, um verstopfte Abflüsse wieder freizubekommen.**

 Die Idee als Video: www.genialetricks.de/rohrfrei/

# So geht's

1. Fülle Backpulver in eine Schale und gib zunächst Wasser und anschließend etwas Essig hinzu. Verrühre alles zu einem Brei.

2. Trage mit einem Schwamm etwas von der Mixtur auf die verkrusteten Stellen im Backofen auf.

3. Stelle die Schale mit der Mixtur für 45 Minuten bei 100 °C in den Backofen. Sobald der Ofen etwas abgekühlt ist, kannst du den Schmutz einfach mit einem Schwamm abwischen.

## Dafür brauchst du

- Backpulver
- Wasser
- Essig

**tipp**

*Alternativ kann man auch Natron mit Wasser zu einem Brei anrühren und im Ofen einwirken lassen.*

# Backofen kinderleicht reinigen

**Einen dreckverkrusteten Backofen sauberzumachen, ist ein wahrer Knochenjob. Aber mit diesem Tipp wird es zum Kinderspiel.**

 Die Idee als Video: www.genialetricks.de/ofen-glanz/

# So geht's

**1** Vermische zunächst Natron, Zitronensäure-Pulver und Bittersalz in einer Schüssel miteinander.

**2** Gieße den Essig hinzu und rühre alles kurz um.

**3** Verleihe den Tabs einen angenehmen Duft, indem du 20 Tropfen ätherisches Zitronenöl in die Mischung gibst.

**4** Verteile die Masse auf die Eiswürfelform und lasse sie darin 24 Stunden lang trocknen.

**5** Entnimm die Tabs und lagere sie z.B. in einem Einmachglas. Schneide sie mit einem Messer zurecht, falls sie nicht in das Fach deiner Spülmaschine passen sollten.

## Dafür brauchst du

- 200 g Natron
- 200 g Zitronensäure-Pulver
- 100 g Bittersalz
- 120 ml weißen Essig
- ätherisches Zitronenöl
- eine Eiswürfelform

**tipp**

*Lass die angerührte Paste in der Eiswürfelform auf der Heizung trocknen. Das geht schneller.*

# Spülmaschinentabs

Anstatt im Supermarkt viel Geld für Spülmaschinentabs auszugeben, kannst du sie dir auch ganz einfach selber anrühren.

 **Die Idee als Video: www.genialetricks.de/spuelmaschinentabs/**

# So geht's

1. Fülle nacheinander das Backpulver, das Spülmittel und das Wasser in die Sprühflasche.

2. Verschließe die Flasche und schüttle sie kräftig.

3. Sprühe die Mixtur auf die schimmligen Stellen und lasse sie 30 Minuten einwirken.

4. Wische anschließend mit einem Schwamm und warmem Wasser nach.

## Dafür brauchst du

- eine Sprühflasche
- 3 TL Backpulver
- 30 ml Spülmittel
- 300 ml warmes Wasser

**tipp**

*Damit Schimmel gar nicht erst entsteht, lüfte regelmäßig, um Feuchtigkeit zu vermeiden.*

# Mittel gegen Schimmel

**Mit diesem simplen Hausmittel wirst du Schimmel in der Küche oder im Bad ganz schnell wieder los.**

 **Die Idee als Video: www.genialetricks.de/mittel-gegen-schimmel/**

# So geht's

**1** Fülle Geschirrspülmittel und Essig in eine Sprühflasche.

**2** Verschließe die Flasche, aber schüttle sie nicht. Mische den Inhalt stattdessen vorsichtig miteinander.

**3** Sprühe die Mixtur auf deine Fliesen und Armaturen im Bad. Achte darauf, dass das Gemisch nicht auf Silikonfugen gelangt, da es diese auflöst.

**4** Wische mit der rauen Seite eines Schwamms darüber und lasse die Mixtur anschließend 30 Minuten lang einwirken.

**5** Spüle die Mixtur ab und wische dabei Fliesen und Armaturen mit einem Schwamm ab.

## Dafür brauchst du

- eine Sprühflasche
- einen Trichter
- 200 ml Geschirr-spülmittel
- 300 ml warmen Essig

**tipp**

*Du kannst mit dem Spray natürlich auch die Küche zum Glänzen bringen.*

# Selbstgemischter Badreiniger

Du brauchst nur zwei Zutaten, um deine Badewanne und Dusche zum Strahlen zu bringen.

 Die Idee als Video: www.genialetricks.de/badreiniger/

# So geht's

1. Fülle 100 ml Wasser in ein Schälchen.

2. Halbiere die Zitrone. Presse beide Hälften über dem Schälchen aus und lege sie anschließend hinein.

3. Stelle das Schälchen in die Mikrowelle und lasse sie für 3 Minuten laufen.

4. Warte anschließend 5 Minuten ab. Wische den hartnäckigen Schmutz danach einfach mit einem Schwamm ab.

## Dafür brauchst du

- 100 ml Wasser
- eine Zitrone

**tipp**

*Lege einen Zahnstocher ins Wasser, damit es nicht überkocht.*

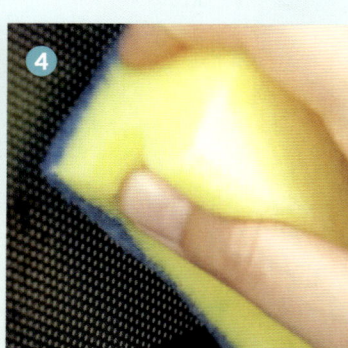

# Mikrowelle im Handumdrehen putzen

**Auch das Putzen der Mikrowelle geht dank zweier Zutaten leicht von der Hand.**

 Die Idee als Video: www.genialetricks.de/saubere-mikrowelle/

# Edelstahl reinigen

## Dafür brauchst du

- eine Orange (wahlweise eine Limette oder eine Zitrone)
- grobes Meersalz

*Entferne Kalkflecken und verleihe deiner Spüle oder deinen Gläsern neuen Glanz.*

## So geht's

1. Halbiere die Orange und verteile mit einem Löffel das Salz auf der Schnittstelle.

2. Wische mit der gesalzenen Orangenhälfte über die Spüle oder die Gläser. Reibe anschließend alles mit einem Geschirrtuch trocken.

## Dafür brauchst du

- eine Sprühflasche
- Wasser
- Reinigungsalkohol

# Enteiserspray

*Dank dieses Sprays brauchst du im Winter keine Scheiben mehr zu kratzen.*

## So geht's

1. Fülle die Flasche zu einem Drittel mit Wasser und zu zwei Dritteln mit Reinigungsalkohol.
2. Verschließe die Flasche und schüttle sie, um den Inhalt gut miteinander zu vermischen.
3. Sprühe die Mixtur auf die vereisten Fensterscheiben deines Autos.

# Tierhaare entfernen

*Bei Tierhaaren versagt oft selbst der Staubsauger.*
*Doch mit diesem Trick gehen sie mühelos weg.*

## So geht's

① Anstatt die Tierhaare im Körbchen oder auf dem Teppich wegzusaugen, zieh einfach den Gummihandschuh an, streiche damit über das Textil und sammle dabei die lästigen Haare auf.

116

## Turbo-Schrubben

**Dafür brauchst du**

- einen runden Bürstenkopf
- eine Bohrmaschine
- eine Gewindestange
- eine passende Mutter

*Du hast keine Lust, mühsam mit der Hand zu schrubben? Dann schalte einfach den Turbo ein!*

## So geht's

1. Bohre ein Loch mittig in die Bürste, aber nicht komplett durch.

2. Schraube die Gewindestange in das Loch. Auf der Rückseite muss noch ein gutes Stück hinausragen.

3. Fixiere die Gewindestange mit einer passenden Mutter an der Bürste.

4. Befestige die präparierte Bürste als Bohrkopf an der Bohrmaschine. Der Schmutz wird gar nicht so schnell gucken können, wie du ihn beseitigst.

# Turnschuhe putzen

**Dafür brauchst du**
- eine Zahnbürste
- weiße Zahnpasta

*Dank Zahnpasta und Zahnbürste werden nicht nur deine Zähne, sondern auch deine Turnschuhe wieder strahlend weiß.*

## So geht's

1. Feuchte den weißen Kunststoff an der Spitze und den Seiten der Schuhe mit einem nassen Schwamm an.

2. Trage Zahnpasta auf die Zahnbürste auf und schrubbe die Turnschuhe damit sauber.

## Dafür brauchst du

- ⅓ Tasse Backpulver
- eine Tasse weißen Essig
- eine Plastiktüte oder einen Gefrierbeutel
- ein Gummiband

*Entkalke deinen Duschkopf ohne großen Aufwand.*

## So geht's

1. Fülle das Backpulver und den Essig in den Beutel.

2. Stülpe den Beutel über den Duschkopf und befestige ihn mit dem Gummiband.

3. Achte darauf, dass der Duschkopf in die Mixtur eintaucht, und lasse sie 2–3 Stunden einwirken.

4. Wische den Duschkopf ab, bevor du ihn wieder benutzt.

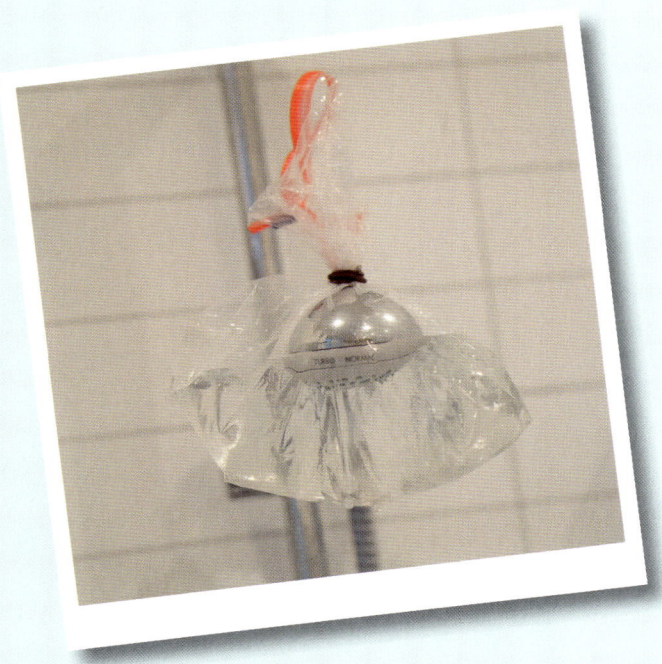

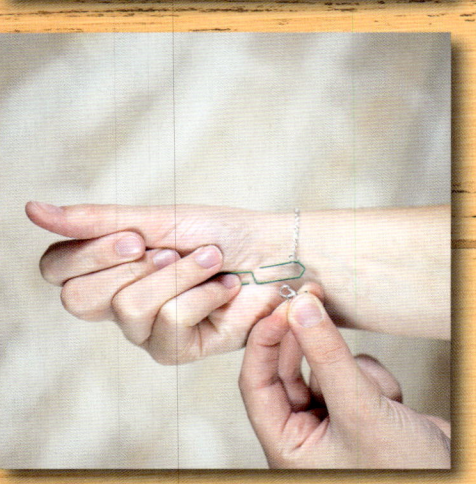

# Schnelle Hilfe

Geniale und simple Lösungen für lästige Alltagsprobleme

# So geht's

**1** Zeichne auf einer der kurzen Seiten des Stoffs einen Halbkreis ein. Schneide diesen aus. Links und rechts davon schrägst du die Stoffseiten noch etwas an.

**2** Schneide das Stoffband zurecht und nähe es entlang der Stoffkanten an. Lasse an den Spitzen am Halbkreis sowie an den gegenüberliegenden Ecken genug Band abstehen.

**3** Nähe das abstehende Band der Ecken zu Schlaufen.

**4** Binde dir den Umhang um und hänge ihn an die Saugnäpfe, die du am Spiegel angebracht hast. Nun steht einer sauberen Rasur nichts mehr im Weg.

## Dafür brauchst du

- ein Stück Stoff, 85x40 cm
- ausreichend Stoffband
- eine Schere
- einen Stift
- Nadel und Faden
- 2 Saugnäpfe mit Haken

**tipp** *Wenn du beschichteten Stoff verwendest, kannst du den Umhang anschließend abspülen.*

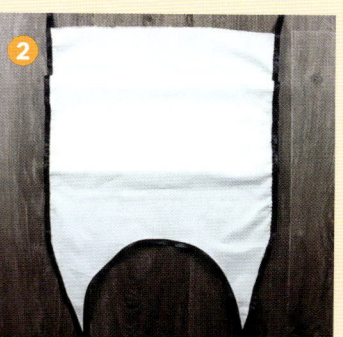

# Rasierlätzchen

**Den Bart zu trimmen, kann eine ganz schöne Schweinerei im Bad hinterlassen. Hier ist die Lösung!**

Die Idee als Video: www.genialetricks.de/rasierlaetzchen/

# So geht's

1. Lege den Baumwollstoff in der von dir benötigten Größe auf einen Bogen Backpapier.

2. Verteile das Bienenwachs mit der Käsereibe gleichmäßig auf dem Stoff.

3. Lege einen zweiten Bogen Backpapier auf den Stoff mit dem Wachs.

4. Erhitze das Bügeleisen und bügle den Baumwollstoff, bis das Bienenwachs in den Stoff eingeschmolzen ist.

5. Lasse den Stoff trocknen, bevor du darin deine Lebensmittel einwickelst.

## Dafür brauchst du

- eine Kerze aus Bienenwachs
- ein Stück Baumwollstoff
- Backpapier
- eine Käsereibe
- ein Bügeleisen

**tipp**

*Deine selbstgemachte Frischhaltefolie kann wiederverwendet werden, wenn du sie mit Wasser und Spülmittel reinigst.*

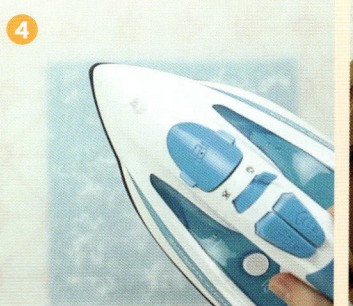

# Selbstgemachte Frischhaltefolie

**Frischhaltefolie kann Schadstoffe ans Essen abgeben. Hier ist die sichere, umweltfreundliche Alternative.**

 Die Idee als Video: www.genialetricks.de/frischhaltefolie/

# So geht's

1. Schneide das Ende der Socke ab und rolle sie zu einem Ring auf.

2. Binde dir mit dem Haargummi einen Pferdeschwanz.

3. Führe den Pferdeschwanz durch die Socke und wickle das Zopfende um den Ring.

4. Rolle die Socke zum Haargummi hin ab und drehe sie dabei, damit sie von allen Haaren umwickelt wird.

5. Der Dutt ist fertig, sobald du die Socke bis auf deinen Kopf gerollt hast. Voilà! Ein perfektes Hairstyling ohne großen Aufwand.

## Dafür brauchst du

- eine Socke
- einen Haargummi
- eine Schere

**tipp**

*Nimm am besten eine einzelne Socke ohne Gegenstück, um kein intaktes Paar auseinanderzureißen.*

126

# Schneller und einfacher Haardutt

**Dank einer Socke siehst du auch ohne großen Zeitaufwand top gestylt aus.**

 Die Idee als Video: www.genialetricks.de/schneller-dutt/

# So geht's

1. Löse das Teelicht aus seinem Becherchen und entferne den Docht.

2. Reibe mit dem Kerzenwachs die Schuhe ein.

3. Föhne die Schuhe, damit das Wachs schmilzt und in den Stoff einzieht.

4. Lasse die Schuhe ein paar Minuten trocknen, bevor du mit ihnen durch den nächsten Sommerregen spazierst.

## Dafür brauchst du

- ein Teelicht
- einen Föhn

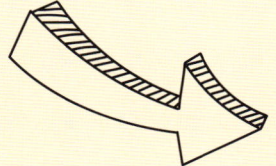

**tipp**

*Reibe die Schuhe mit einer Duftkerze ein, um ihnen ein angenehmes Aroma zu verleihen.*

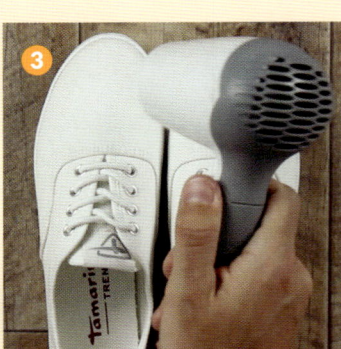

# Schuhe wasserdicht versiegeln

**Mit diesem Trick machst du deine Stoffschuhe wetterfest.**

Die Idee als Video: www.genialetricks.de/schuhe-versiegeln/

# So geht's

① Fülle die angegebenen Zutaten mittels Trichter in die Flasche.

② Verschließe die Flasche und schüttle sie kräftig. Nun kannst du den Teig ganz bequem aus der Flasche in die eingefettete Pfanne gießen. Guten Appetit!

## Dafür brauchst du

- eine leere Plastikflasche
- einen Trichter
- 300 ml Milch
- 150 g Mehl
- 1 EL Öl
- 3 EL Zucker
- ein Ei

**tipp** — *Diese Technik eignet sich auch hervorragend für Rührei.*

130

# Schüttelpfannkuchen

**Pfannkuchen zubereiten, ohne zu kleckern. Mit diesem Trick bleibt die Küche sauber!**

 **Die Idee als Video: www.genialetricks.de/schuettelpfannkuchen/**

# So geht's

1. Breite das T-Shirt aus und platziere darauf die Unterhose oben in der Mitte.

2. Falte beide Seiten des T-Shirts zur Mitte.

3. Lege die Socken mit dem Bund nach außen auf die Höhe der Ärmel.

4. Rolle das T-Shirt von oben her zusammen. Rolle dabei deine Zahnbürste mit ein.

5. Kremple die Socken links und rechts über das zusammengerollte T-Shirt.

6. So kannst du das Wichtigste für eine Nacht locker in einem „Stoffbeutel" mitnehmen.

## Dafür brauchst du

- ein T-Shirt
- eine Unterhose
- ein Paar Socken
- eine Zahnbürste

**tipp** ———

*Nimm im Zweifelsfall noch Zahnpasta mit, indem du die Tube in einen Gefrierbeutel packst und mit ins Päckchen einrollst.*

132

# Übernachtungspäckchen

**Für nur eine Nacht brauchst du keinen Koffer zu packen. So kannst du alles Nötige unter den Arm klemmen.**

 **Die Idee als Video: www.genialetricks.de/uebernachtungspaeckchen/**

# So geht's

1. Drucke die Beschriftung in der Schriftart deiner Wahl aus.

2. Klebe das Wort mit Klebeband ab.

3. Schneide das Wort aus, ohne dass es auseinanderfällt.

4. Tauche dan ausgeschnittenen Schriftzug ca. eine Minute lang in Wasser und entferne vorsichtig das Papier.

5. Der Toner sollte am Klebeband haften geblieben sein, sodass du es als Etikett anbringen kannst.

## Dafür brauchst du

- einen Laserdrucker und Papier
- transparentes Klebeband
- eine Schere
- eine Schale Wasser

**tipp**

*Hilf mit etwas Klebstoff nach, sollte das Klebeband nach dem Wasserbad nicht mehr haften.*

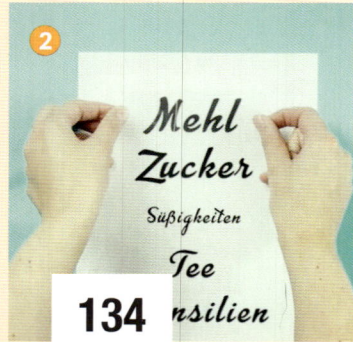

# Selbstgemachte Etiketten

**Du brauchst nur deinen Drucker und etwas Klebeband, um deine Gläser professionell zu etikettieren.**

 **Die Idee als Video: www.genialetricks.de/selbstgemachte-etiketten/**

# So geht's

1. Schraube eine Mutter an das Ende der Gewindestange und lege eine Unterlegscheibe darauf. Schiebe die Stange von unten durch den großen Topf.

2. Auf die Gewindestange setzt du nacheinander eine Unterlegscheibe, eine Mutter, eine weitere Unterlegscheibe und schließlich den kleineren Blumentopf.

3. Fixiere den kleinen Topf, indem du erneut eine Unterlegscheibe und eine Mutter auf die Stange setzt.

4. Lege die beiden Ziegelsteine auf eine ebene Fläche und stelle die Untertasse dazwischen.

5. Stelle die Teelichter auf die Untertasse und zünde sie an.

6. Platziere die beiden aneinandergeschraubten Töpfe kopfüber auf die Ziegelsteine über die Teelichter. Nach einiger Zeit wird es im Raum deutlich wärmer sein.

## Dafür brauchst du

- einen großen Tontopf
- einen kleineren Tontopf
- eine Gewindestange
- 4 Unterlegscheiben
- 3 Muttern
- 2 Ziegelsteine
- Teelichter
- eine Untertasse

**tipp**

*Verwende Duftkerzen, um zusätzlich einen angenehmen Duft im Zimmer zu verbreiten.*

# Blumentopf-Heizung

**Eine clevere Möglichkeit, um dein Heim warm zu halten und gleichzeitig Heizkosten zu sparen.**

 Die Idee als Video: www.genialetricks.de/topfheizung/

# Butter-Trick

**Dafür brauchst du**

• ein Glas heißes Wasser

*So wird steinharte Butter in wenigen Minuten streichzart.*

## So geht's

1. Fülle ein Glas mit heißem Wasser und lasse es eine Minute lang stehen.

2. Schütte das Wasser aus und stülpe das Glas über die Butter.

3. Lasse die Butter zwei Minuten unter dem Glas. Danach kannst du sie ohne Schwierigkeiten aufs Brot schmieren.

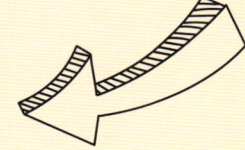

138

# Ketchup marsch!

*Der Ketchup will nicht aus der Flasche?*
*Dank diesem Trick läuft's wieder.*

## So geht's

1. Lege die Ketchupflasche flach auf den Tisch.

2. Schwenke die Flasche ein paar Mal hin und her. Öffne die Flasche und lass den Ketchup fließen.

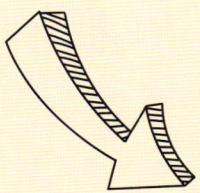

# Knoblauch schälen

**Dafür brauchst du**

- ein Einmachglas mit Deckel

*So benötigst du weder ein Messer noch eine anschließende Handwäsche.*

## So geht's

1. Du musst einfach nur die Knoblauchzehen ins Glas legen, es verschließen und kräftig schütteln.

2. Schüttle im Zweifelsfall mehrmals. Anschließend brauchst du nur noch die Schale zu entfernen.

# Schrauben-Trick

*Sogar Schrauben mit ausgeleiertem Schlitz können problemlos wieder herausgedreht werden.*

## So geht's

1. Lege das Gummiband flach auf den kaputten Schraubenkopf.
2. Drücke die Klinge des Schraubenziehers auf dem Gummiband in den Schlitz.
3. Dank des Gummis findet der Schraubenzieher wieder Halt und kann die Schraube herausdrehen.

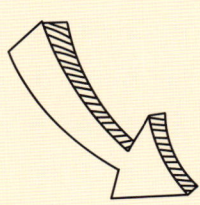

# Batterietest

*Auch ohne spezielles Gerät kannst du überprüfen, ob eine Batterie voll oder leer ist.*

## So geht's

1. Lasse die Batterie, von der du nicht sicher bist, ob sie voll ist, aus kurzer Höhe hochkant auf den Tisch fallen.

2. Je höher sie nach dem Auftreffen springt, desto leerer ist sie. Eine volle Batterie würde gar nicht springen. Der Test ist insbesondere dann hilfreich, wenn man gleich aussehende Batterien wechselt, aber durcheinandergekommen ist, welche die neue ist.

# Grill sauber halten

*Mit einer Kartoffel kannst du verhindern, dass das Fleisch am Grillrost festklebt.*

## So geht's

1. Halbiere die Kartoffel und pike eine Hälfte auf die Gabel.

2. Reibe mit der Schnittseite den Rost ein. Anschließend kannst du die Kartoffel natürlich auf den Grill legen und essen.

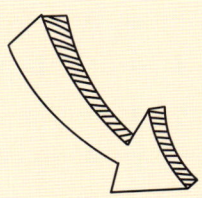

# Schraube ohne Schlüssel lösen

**Dafür brauchst du**

- eine Schraube
- eine passende Mutter

*Kein passendes Werkzeug zur Hand? Löse die Schraube mithilfe einer anderen Schraube.*

## So geht's

1. Lege die Schraube waagerecht auf den Kopf der Schraube, die du herausdrehen möchtest.

2. Ziehe die Mutter fest an, bis der Schraubenkopf eingezwängt ist. Löse die Schraube mithilfe dieser kleinen Konstruktion.

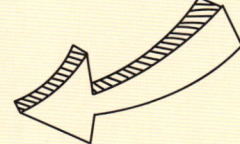

# Nie mehr Kabelsalat

*Bist du es leid, verhedderte Kabel zu entknäulen? Hier ist die Lösung!*

## So geht's

**1** Als Verzierung und um sie besser zuordnen zu können, versieh die Toilettenpapierrollen mit farbigen Markierungen.

**2** Entwirre deine Kabel und wickle sie ordentlich auf. Vergewissere dich, dass sie eng genug gewickelt sind, um in die Papprollen zu passen.

**3** Stecke jedes aufgewickelte Kabel in eine eigene Toilettenpapierrolle und staple sie z.B. in einer Schublade. Nun kannst du jedes Kabel einzeln entnehmen, ohne dass es sich verheddert.

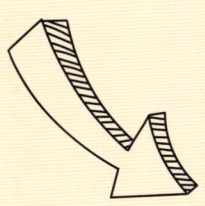

# Zugluft erkennen

**Dafür brauchst du**

- ein Teelicht
- ein Feuerzeug oder Streichhölzer

*Es zieht! Aber woher?*
*So kommst du der Zugluft auf die Spur.*

## So geht's

1. Zünde das Teelicht an und stelle es im Zimmer auf.

2. Die tänzelnde Flamme zeigt dir an, aus welcher Richtung der Wind weht. Verändere ggf. die Position der Kerze, um sicher zu sein.

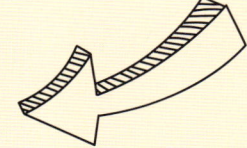

- eine Büroklammer

# Armband problemlos anlegen

*Ein Armband anzulegen, kann kompliziert sein. Eine Büroklammer schafft Abhilfe.*

## So geht's

1. Biege die Büroklammer auseinander.

2. Hake die Büroklammer in den kleinen Ring am Ende der Kette ein.

3. Beim Versuch, das Armband anzulegen, hältst du es nun mihilfe der Büroklammer fest.

4. So kannst du die andere Seite des Armbands um dein Handgelenk legen und verschließen, ohne dass die Kette verrutscht.

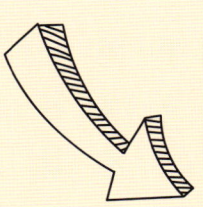

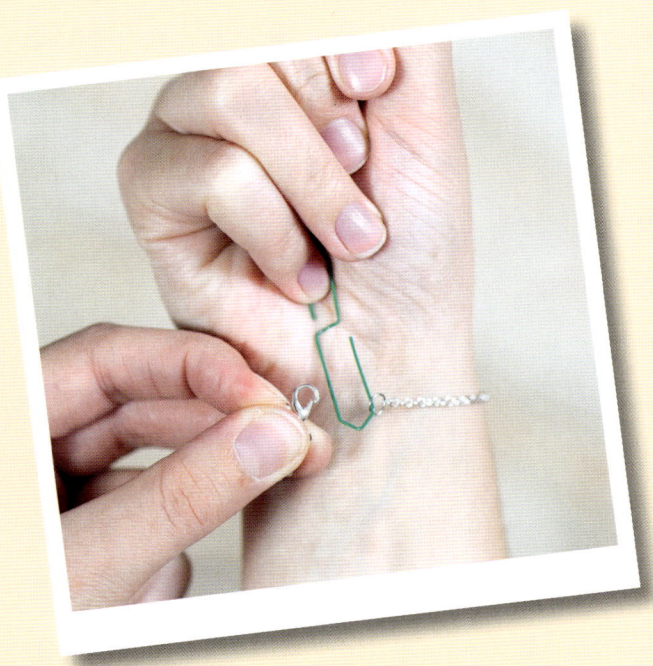

# Verletzungsfrei hämmern

**Dafür brauchst du**

- eine Wäscheklammer

*Sich mit dem Hammer auf den Daumen schlagen,
während man den Nagel festhält?
Das muss nicht sein!*

## So geht's

**1** Halte den Nagel einfach mit einer Wäscheklammer fest. Solltest du danebenschlagen, trifft der Hammer die Klammer anstatt der Finger, die in sicherer Entfernung sind.

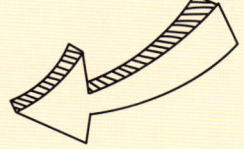

# Bewässerungssystem

*Auch ohne hilfsbereiten Nachbarn müssen deine Blumen nicht verdursten, wenn du im Urlaub bist.*

## So geht's

1. Fülle die Flasche mit Wasser.

2. Verschließe die Flasche mit dem Korken und durchbohre diesen mit dem Bohrer.

3. Stecke die Flasche kopfüber in die Blumenerde. Deine Pflanze wird nun tröpfchenweise mit Wasser versorgt.

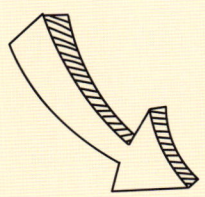

149

# Fruchtfliegenfalle

**Dafür brauchst du**

- 10 ml Fruchtessig
- 15 ml Wasser
- 3 Tropfen Spülmittel
- eine Schüssel

*So einfach kannst du dein leckeres Obst von nervigen Fruchtfliegen befreien.*

## So geht's

1. Fülle die angegebene Menge Fruchtessig, Wasser und Spülmittel in eine kleine Schüssel und verrühre alles miteinander.

2. Stelle die Schüssel neben dein Obst und warte ab, wie eine Fruchtfliege nach der anderen in die Falle tappt.

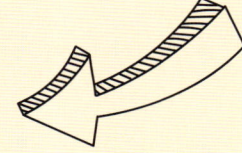

150

# Selbstgemachter Zugluftstopper

*Eine alte Strumpfhose hilft dir dabei, Heizkosten zu sparen.*

## So geht's

1. Schneide ein Bein der Strumpfhose am Ansatz ab. Das andere wird nicht benötigt.

2. Schiebe beide Rollen in das abgeschnittene Strumpfhosenbein.

3. Drehe das abgeschnittene Ende des Strumpfhosenbeins ein und schiebe es in eine der Pappröhren.

4. Schiebe das Strumpfhosenbein so unter der Tür durch, dass sich auf jeder Türseite jeweils eine Papprolle befindet. So kommt die Zugluft nicht mehr unter der Tür durch.

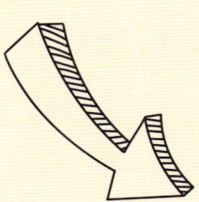

# Sektkorken-Trick

**Dafür brauchst du**

- den Verschluss der Sektflasche
- ein Messer

*Sektkorken aus Plastik eignen sich hervorragend als wiederverschließbare Einfüllhilfe.*

## So geht's

1. Schneide nach dem Öffnen der Flasche den Plastikkorken am unteren Ende auf.

2. Stecke ihn zurück in die Flasche und entferne die Kappe, die in den meisten Fällen rot oder schwarz ist.

3. Nun kannst du den Sekt durch den Plastikkorken hindurch eingießen. Verschließe die Flasche wieder, indem du die Kappe aufsetzt.

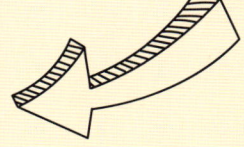

152

# Kartoffeln blitzschnell schälen

*Mit diesem Trick pellst du Kartoffeln in Sekundenschnelle mit der Hand.*

## So geht's

1. Fülle eine Schüssel mit kaltem Wasser und gib zusätzlich Eiswürfel hinzu.

2. Schrecke die Kartoffeln nach dem Kochen für 15 Sekunden in dem Eiswasser ab.

3. Nach dem Abschrecken kannst du die Schale per Hand von den Kartoffeln lösen.

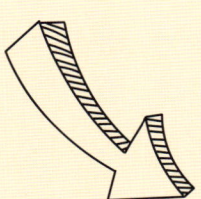

# Fotos schützen

**Dafür brauchst du**

- 2 Tütchen Silica-Gel

*Neu gekaufte Taschen oder Schuhe enthalten oft Silica-Gel. Schmeiß die Tütchen nicht weg, sie können nützlich sein.*

## So geht's

1. Lege die beiden Päckchen Silica-Gel einfach in die Schachtel mit deinen Fotos.

2. Das Granulat schützt die Fotos vor dem Verkleben und Vergilben, sodass du länger Freude an den Bildern hast.

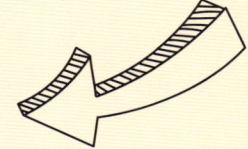

154

## Dafür brauchst du

- eine Halskette

*Der Reißverschluss auf dem Rücken macht es nicht einfach, Kleider anzuziehen. So schaffst du es auch ohne fremde Hilfe.*

## So geht's

1. Befestige die Halskette mithilfe des kleinen Karabinerhakens am Reißverschluss.
2. Ziehe den Reißverschluss mittels der Kette hoch.

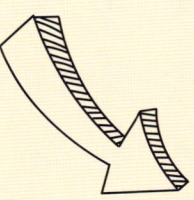

# Marmeladen-Milchshake

## Dafür brauchst du

- ein frisch geleertes Marmeladenglas

*Es bleiben immer Reste im Marmeladenglas zurück. Mache aus ihnen ein Erfrischungsgetränk.*

## So geht's

1. Fülle das Marmeladenglas mit Milch auf und verschließe es.
2. Schüttle das Glas kräftig. Mit einem Strohhalm verziert, kannst du nun die köstliche Fruchtmilch genießen.

# Salatstrunk entfernen

*Mit nur einem Handgriff löst du den Strunk problemlos vom Salat.*

## So geht's

1. Schlage hierfür einfach den Salatkopf mit dem Strunk voran mit voller Kraft auf das Küchenbrett.

2. Der Strunk wird nach innen gedrückt und löst sich dabei von den Salatblättern, die du nun bequem auseinanderzupfen kannst.

# Bohrstaub-Fänger

## Dafür brauchst du

- einen selbstklebenden Notizzettel

*Dreck beim Bohren ist nicht zu vermeiden. Doch er lässt sich problemlos einfangen und beseitigen.*

## So geht's

1. Knicke den Notizzettel in der Mitte und klebe ihn unter die Stelle, an der du bohren möchtest.

2. Der nach unten rieselnde Staub wird vom Notizzettel aufgefangen, den du dann mit dem Dreck entsorgen kannst.

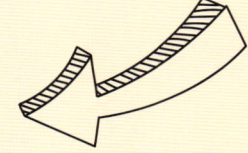

# Hartes Brot aufbacken

*So machst du steinhartes Brot wieder weich und knusprig.*

## So geht's

1. Halte das Brot unter fließend Wasser und befeuchte es vollständig.

2. Wickle das Brot in Alufolie ein und backe es für 15 Minuten bei 200 °C.

3. Backe es anschließend ohne Alufolie 10 Minuten lang bei 200 °C. Nun ist das Brot wieder genießbar.

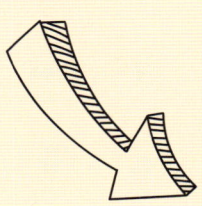

# Einkaufswagen-Trick

**Dafür brauchst du**

- einen Schlüssel mit rundem Griff

*Du hast keine Münze für den Einkaufswagen?*
*So klappt es auch ohne Kleingeld.*

## So geht's

1. Löse den Schlüssel von deinem Schlüsselbund.

2. Stecke den Schlüssel mit dem Griff voran in den Münzschlitz, um den Einkaufswagen zu lösen.

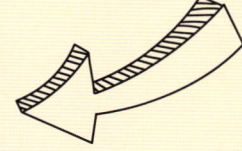

# Wespen-Abwehr

*Vertreibe Wespen, ohne ihnen zu schaden.*

## So geht's

1. Fülle die Papiertüte mit Zeitungspapier.

2. Binde die Tüte zu und gib ihr die Form eines Wespennests.

3. Hänge die Tüte im Garten oder auf der Veranda auf. Die Wespen werden die Tüte für ein fremdes Nest halten und das vermeintlich feindliche Territorium meiden.

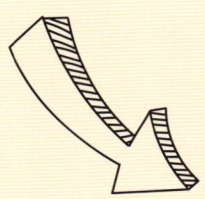

# Schuh-Deodorant

**Dafür brauchst du**

- 2 leere Teebeutel
- Backpulver

*Schuhe von üblen Gerüchen zu befreien, kann so einfach sein, wie folgender Trick zeigt.*

## So geht's

1. Fülle die Teebeutel mit Backpulver.
2. Lege einen Beutel in jeden Schuh und nach einiger Zeit ist dein Paar geruchsfrei.

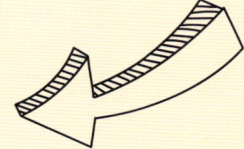

162

# Kabel-Bändiger

*Ordne deine Kabel und hab sie immer griffbereit dank dieser cleveren Idee.*

## So geht's

1. Fädle das Kabel durch den Griff der Foldback-Klammer.

2. Befestige die Klammer an der Schreibtischkante. Vor allem ausgestöpselte Kabel bleiben damit in Position, sodass du sie sofort zur Hand hast.

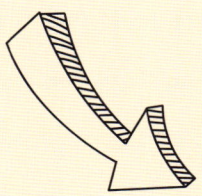

## Das "Geniale Tricks"-Team:

**Projektleitung:**
Joana Cidade
Inken Dworak

**Kamera/Cutter:**
Hanns Schmelzer
Mandy Dörre
Miri Weber
Mark Schilling
Jomard Jamil

## Das Buch-Team:

**Projektleitung:**
Paul McCormick

**Design & Layout:**
Nicolas Buenaventura Arango
Lara Nelles

**Text und Lektorat:**
Alexander Schölch
Martin Breit
Benjamin Krüger
Christoph Beck
Paul McCormick

www.genialetricks.de

facebook.com/genialetricks

instagram.com/genialetricks.de

pinterest.de/GenialeTricks

youtube.com/GenialeTricks-de

Copyright © Media Partisans 2018
Media Partisans GmbH
Berliner Str. 89
14467 Potsdam

ISBN: 978-3-9819299-4-2